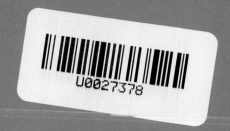

棋逢對手

LES MEILLEURS ENNEMIS

中東與美國恩仇錄

Une histoire des relations entre les États-Unis et le Moyen-Orient

1

1783～1953

尚－皮耶・菲柳◎著　大衛・B◎繪
Jean-Pierre Filiu & David B.
朱怡康◎譯

1785年，阿爾及利亞俘虜數艘美國商船，美國民眾才從報紙知道地中海盆地「巴巴利海盜」的事。起先美國嘗試與海盜和談，後來受不了他們捉摸不定且獅子大開口，於是出兵對抗，爾後發生了美國史上第一次在陸地與穆斯林作戰，以及第一次試圖推翻敵國政府……。1902年，美國國力投射理論家阿弗雷德．馬漢提出「中東」一詞，用以證成「掌控『中東』者能控制世界」，但是直到第二次世界大戰，美國對石油需求孔急，才開始涉入中東事務。本冊從《吉爾伽美什史詩》談到艾森豪時代，從黃金談到石油，道出雙方緊張的依存關係。

1	2
3	4
5	6

＊圖像欄位閱讀順序為每頁由左而右，再由上而下。

作者｜尚—皮耶．菲柳（Jean-Pierre Filiu）

尚—皮耶．菲柳為巴黎政治大學國際事務學院的中東研究教授，身兼歷史學家及阿拉伯事務專家。他曾擔任紐約哥倫比亞大學及華盛頓喬治城大學訪問教授，並應多所美國大學及智庫之邀發表演講，其中包括哈佛大學甘迺迪學院及詹姆斯．貝克公共政策研究中心。2011年，他的《伊斯蘭天啟觀》（*Apocalypse in Islam*）由加州大學出版，為探討伊斯蘭末世論及其當代敘事的深度之作，並獲法國重要獎項Augustin-Thierry肯定。

在2006年獲聘任教巴黎政治大學之前，菲柳長期擔任職業外交官。他先派駐約旦及美國擔任基層官員，後出任法國駐敘利亞（1996–1999）及突尼西亞（2002–2006）副大使。他也曾擔任外交顧問，為法國內政部（1990–1991）、國防部（1991–1993）及總理（2000–2002）提供諮詢。2013年，歐蘭德（François Hollande）總統任命十位獨立專家撰寫國防及安全白皮書，菲柳也是其中之一。

菲柳著書約十本，其中包括《阿拉伯革命：民主起義的十堂課》（*The Arab Revolution, ten lessons from the democratic uprising*）（在英美兩國分別由C. Hurst & Co.和牛津大學出版社出版），關於阿拉伯之春何以導致突尼西亞及埃及總統下台，這是第一本嘗試提出解釋的學術書籍。菲柳之前的研究聚焦於伊斯蘭對全球化現代性的多方調適，他也討論過地區性及全球性聖戰的衝突辯證關係。他特別強調基進運動如何「現代化」傳統概念，為它們賦予以往不見於伊斯蘭的嶄新意義（例如哈里發國）。他的作品已以十種語言出版及／或翻譯。

繪者｜大衛．B（David B.）

「大衛．B」是法國漫畫家及作家皮耶—方索瓦．「大衛」．布夏（Pierre-François “David” Beauchard）的筆名，他曾獲艾斯納（Eisner）漫畫獎提名，1990年與人合創「協會」出版社（L’Association），這個知名的獨立漫畫出版社由新世代漫畫家組成，不以營利為目的，而著重於作品主題與藝術形式的探索與交流。大衛．B最有名的漫畫作品，是描述哥哥癲癇症對家族關係之影響的《癲癇》（*Epileptic*）。

譯者｜朱怡康

專職譯者，守備範圍以宗教、醫療、政治與科普為主。譯有《二十一世紀生死課》、《漫畫哲學之河》、《漫畫心理學》、《人性較量：我們憑什麼勝過人工智慧？》、《自閉群像：我們如何從治療異數，走到接納多元》、《偏見地圖1：繪製成見》、《偏見地圖2：航向地平線》、《塔木德精要》等書。其他歷史、科普譯作散見於《BBC知識》月刊。
臉書專頁「靈感總在交稿後」：www.facebook.com/helpmemuse

1 很久很久以前

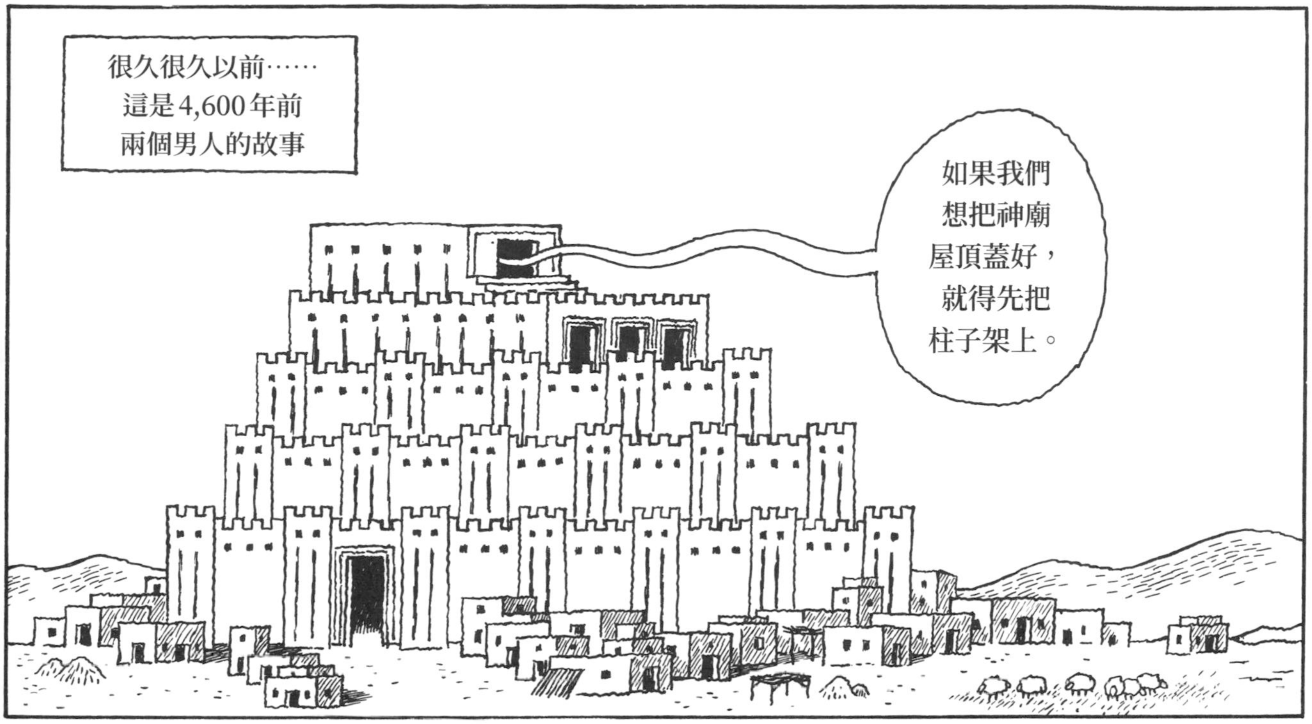
很久很久以前……
這是4,600年前
兩個男人的故事
如果我們想把神廟屋頂蓋好，就得先把柱子架上。

吉爾伽美什是烏魯克城邦之王，恩奇杜是他朋友。
這樣的話，我們得準備大樹，可是這附近沒有。
沒問題，雪松之林*裡多得是。

＊ 雪松之林是兩河流域神話中的聖域。

雪松森林？
可……可是那裡有妖怪洪巴巴守著啊！
牠的武器很厲害啊，光是那七道光就夠可怕了……
啊，又一次，我們獨自置身和平、安穩的世界和恐懼、混亂的世界之間。
又一次，我們受到召喚要捍衛我們的人民，保護全人類的希望。我們擔起這份責任吧。
洪巴巴是很厲害。牠是能用七道光威嚇、戰鬥，甚至摧毀我們，
讓我們產生前所未有的恐懼。
但我們會全力以赴，絕不讓這種情況發生。

要是洪巴巴還不算邪惡，我真不知道什麼叫邪惡！
只有我們站在自由與恐懼之間，為了我們人民的安全與無可和解的邪惡奮戰。我們絕對不能讓牠得勝！人類興亡就看我們這一戰！
征討妖魔的計畫傳開後，烏魯克的長老紛紛來找吉爾伽美什和恩奇杜。
吉爾伽美什，你太年輕、太莽撞了。謹慎一點，好好想清楚這有什麼後果啊！
可是，採取行動和不採取行動一樣危險啊！世上有些事是我們了解、也知道自己了解的，這叫已知的已知。世上還有些事是我們知道自己不了解的，那叫已知的未知。

然而世間也有未知的未知，
也就是我們不知道自己不了解的事。
這說明了什麼呢？這告訴我們世界
很大、很險惡也很複雜，
可是我們總想
否認或操控它。
我們並不
自以為知道
一切天意……
……但我們能信任神明，
相信所有生命與歷史
背後的那位慈愛之神。
吉爾伽美什和恩奇杜請城裡的鐵匠使出看家本領，
鍛造出威力強大的恐怖武器。
然後出發前往雪松之林。

他們進森林找妖魔。
眾神在雪松之林深處向他們顯現，警告他們這樣做後果嚴重，要他們放過洪巴巴。
我們什麼都不要，只想永遠安寧。我們只求完全而澈底的勝利，絕不接受其他結果。
打仗可不是散步晃蕩啊！戰爭是血淋淋的，會有人死，危險得很。

才遇見眾神沒多久，
洪巴巴就從密林中
迸了出來。
然而，牠使出
七道光也
保護不了自己，
還是打敗。

恩奇杜違背眾神的
意思殺了洪巴巴。
洪巴巴的
屍體消失在
吉爾伽美什
兩人砍倒的
雪松之下。
他們有
建材蓋
神廟了。
可是他們
一回到烏魯克，
恩奇杜就死了。
因為他們違逆眾神，
眾神詛咒他們。
但眾神沒讓
吉爾伽美什一起死，
因為得留個人受苦。
於是，
吉爾伽美什
懂了死亡和
毀滅的痛苦。

這位烏魯克王越過象徵「遙遠」
的高山，尋找不死的烏特納比許亭，
求問生與死的祕密。

他幾乎要得知箇中奧祕，
但真知稍縱即逝。無論如何，
這趟旅程給他諸多磨練，
回到烏魯克時，他已變得更有智慧。

直到今天，《吉爾伽美什史詩》仍是
目前發現最古老的文獻。它在中東地區
的每一個文明都留下痕跡。不但蘇美、
巴比倫、西台和亞述文化裡都看得到
類似版本，連《聖經》中都有它的蹤跡。
這個故事從四千年前
就在伊拉克傳述了。

2003年，美國入侵伊拉克，
占領這個國家，也掀起內戰。

我們故意把小布希和倫斯斐
在2002和2003年說的話，
當成吉爾伽美什和恩奇杜講的。
在悲劇降臨時，信仰向我們保證：死亡和痛苦不是最終結局，愛與希望才是永恆的。
在作戰時刻，人想看到的那種「證據」通常不存在。

儘管這裡四千年前就告誡過
戰爭禍患無窮，但人們置若罔聞，
於是今天再次發生悲劇。
PEACE
NO

＊和平、反戰

暴行穿越歷史，一再出現。
羅浮宮有收藏一塊在伊拉克出土的蘇美石碑。
上面刻的是拉格什王對抗烏瑪之戰。
考古學家稱之為「禿鷹之碑」。
其中一個殘片上刻的是屍堆，戰勝者將屍體層層相疊慶祝勝利。

2004年，阿布格萊布監獄發生虐囚事件。美軍強迫囚徒層層疊起，還拍照留念。
雖然這些人既不熟悉《吉爾伽美什史詩》，也沒聽過禿鷹之碑……
……但他們信的是基督教，讀的是《聖經》，其實也算遠古中東的後嗣。
阿布格萊布的虐囚照片，是我們時代的禿鷹之碑。

2 海盜

幾百年來，基督徒和
穆斯林在地中海
打了一仗又一仗。

15世紀末占上風
的是穆斯林——
為鄂圖曼帝國
打下大片江山的
正是他們。
這時的阿爾及爾
堪稱海上聖戰
之都，由巴巴羅薩
兄弟為君士坦丁
的蘇丹鎮守。

1571年，
基督徒聯軍和
穆斯林在勒班陀灣
爆發大戰。

穆斯林
艦隊慘敗。
鄂圖曼帝國征服
全地中海的雄心
就此終結。

然而，從摩洛哥、阿爾及爾
到突尼斯、的黎波里，
海上劫掠持續不斷。
雖然英、法、西、荷等國艦隊
在17和18世紀陸續出動，
砲轟阿爾及爾和突尼斯，情況仍未改善。
基督徒的船一再被劫，
船員和乘客淪為奴隸。

這些奴隸的命運各自不同。
女性常成為侍女，
或是被納入後宮。
孩童被強迫改信伊斯蘭教，
變成士兵、水手或土耳其政府官吏。
同意改信伊斯蘭教
的男人則是
變成海盜。

根據見證者的親身經歷，這些變節者是他們過去的教內同胞的最大敵人，拷打起堅持基督信仰的奴隸也下手最狠。
不過，狀況最慘的莫過於在船艙划槳的奴隸……
……直到帆船興起，才不再需要這種奴工。
他們被送去當苦力，或是蓋公共建築，或是去戰牆外做工。

由於繼續保持基督信仰，
他們經常挨餓或被打，受盡各種磨難。
運氣最好的是被人帶回當家僕。
這些人可以憑本事升上較高的職位，
當管家或私人祕書。
奴隸的遭遇隨統治者而不同，
在摩洛哥較慘，在突尼西亞較佳，
突尼西亞的奴隸甚至有某些優勢。

到19世紀初，
法、英、西三個海洋強權
能花錢消災，用納貢換取和平。
丹麥、荷蘭和義大利等實力
較弱的國家就沒那麼幸運了，
他們成了商業劫掠的目標，
只能乖乖付錢贖回被俘虜的船員。
英國則是擺了美國一道：
他們跟阿爾及利亞說美國既然獨立了，
美國船隻從此不歸英國艦隊保護。
英國人認為
這才公平。

1785年，
阿爾及利亞一連
俘虜了好幾艘
美國商船。
美國民眾也因此知道了巴巴利海盜的事。
THE MONITOR
可是，美國當時還是地廣人稀的年輕國家，
含奴隸在內也只有三百萬人，
經濟實力也不怎麼樣。

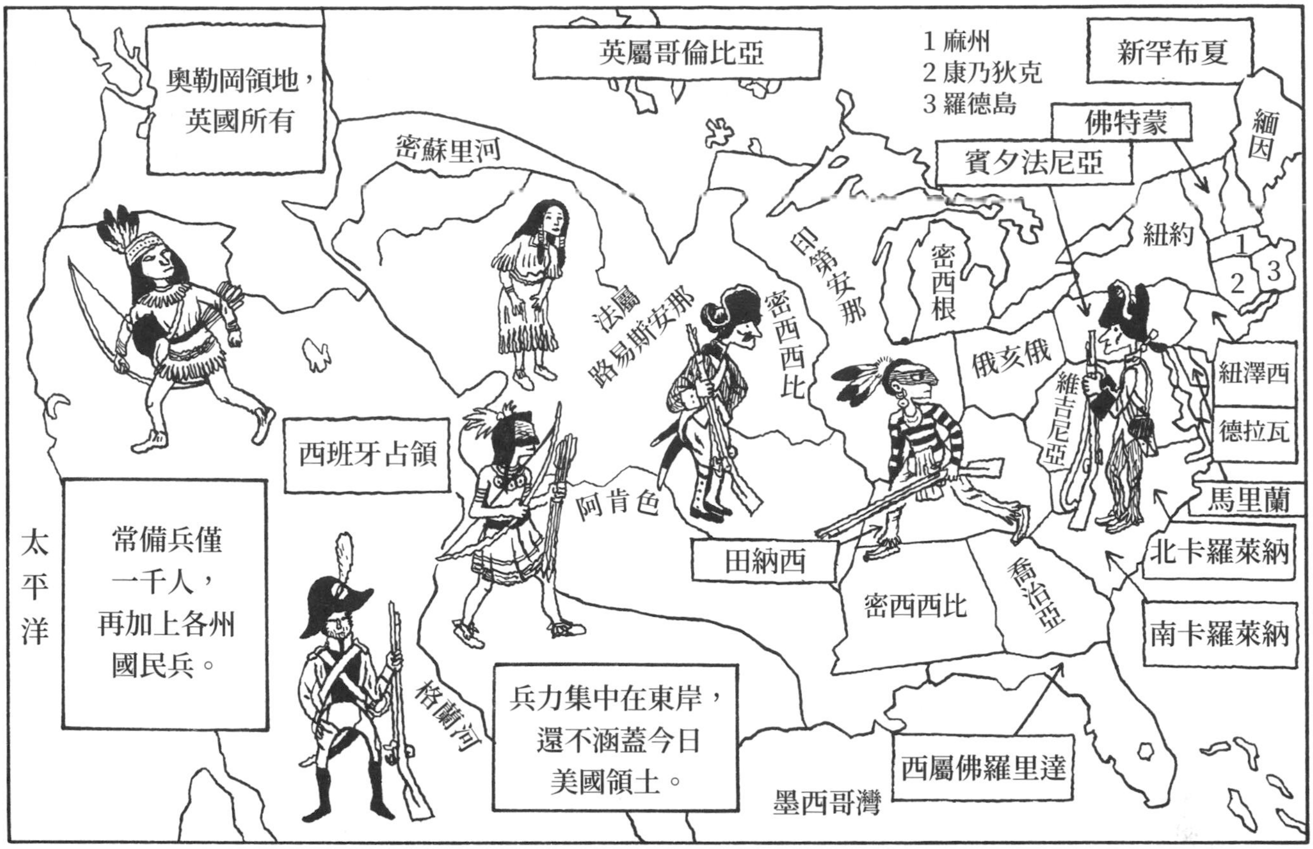
英屬哥倫比亞
奧勒岡領地，
英國所有
1 麻州
2 康乃狄克
3 羅德島
新罕布夏
佛特蒙
緬因
賓夕法尼亞
密蘇里河
紐約
密西根
印第安那
法屬
路易斯安那
密西西比
俄亥俄
維吉尼亞
紐澤西
德拉瓦
馬里蘭
西班牙占領
阿肯色
田納西
北卡羅萊納
喬治亞
密西西比
南卡羅萊納
太平洋
常備兵僅
一千人，
再加上各州
國民兵。
格蘭河
兵力集中在東岸，
還不涵蓋今日
美國領土。
西屬佛羅里達
墨西哥灣

美國當時除了
跟印第安人
交手之外，沒有
跟其他人作戰。

如果決定出兵，美國等於是剛剛誕生就要和千里之外的國家交戰。
所以，國會乾脆撥八萬元出來，打算用錢換得巴巴利海岸航行平安。
阿爾及利亞想要到更多錢，談判陷入膠著。兩國花了十年才達成協議，美國總算把被俘虜的水手救回來。
摩洛哥第一個簽字，拿到兩萬元。
1786年，美國也試圖與的黎波里攝政王政府簽訂條約。
瑞典
俄羅斯帝國
愛爾蘭
英國
波蘭
大西洋
法蘭西王國
奧匈帝國
鄂圖曼帝國
西班牙王國
葡萄牙
突尼斯
阿爾及爾
阿爾及利亞
地中海
的黎波里
拉巴特
摩洛哥
突尼西亞
的黎波里
埃及

美國和的黎波里全權大使的會談在倫敦舉行。
約翰·亞當斯，美國駐倫敦大使。
翻譯。不知其名，但顯然是會說英語或法語的變節者。
湯瑪斯·傑佛遜，美國駐巴黎大使。
希迪·哈吉·阿布德拉哈曼，的黎波里全權大使。

美國大使向攝政王
代表開價兩萬，
後者覺得太少。
真正原因是：
阿爾及利亞快
要到更多錢了。
這片海是
我們的！
向異教徒宣戰
是每一個穆斯林
的權利和職責。
你們這些不信
伊斯蘭教的人，
天生就該當奴隸。
談判越拖越長。

他們之所以一直
談不攏，部分原
因是美國兩位大
使態度矛盾。
亞當斯想
盡快息事
寧人……
……傑佛遜
則語多挖苦，
立場強硬。
用奴隸
好進步喔！
那再加2,500
怎麼樣？

當利比亞代表指出美國
也蓄奴，傑佛遜爆怒了。
他對黑奴可「人道」得很，
巴巴利地區的奴隸主
怎麼能跟他比呢？

談判破裂。

1796年，的黎波里海盜又俘虜了兩艘美國船，
將船員發配為奴。有了這個籌碼，
他們以不錯的價錢拿到和平協定。

1797年，亞當斯成為美國第二任總統。他的政府用五分之一的國家預算安撫巴巴利豪強。
1801年，換傑佛遜當上總統，他對海盜問題依舊態度強硬，也不打算在貢金上讓對方予取予求。
這些錢都白花了！
鄂圖曼蘇丹、貝伊和帕夏*一再提高價碼，爭相要求比鄰居更高的金額。就如的黎波里帕夏對領事詹姆斯．卡斯卡特所說：
你們的確付了我錢買和平，可是保持和平的錢你們還沒付吶！
尤素夫．卡拉曼利帕夏講完這句話就驅逐領事，向美國宣戰。

*「貝伊」(bey) 和「帕夏」(pasha) 都是鄂圖曼帝國軍政高官頭銜，帕夏地位又高於貝伊。

可是他對宣戰的對象所知不多。
東方當時情勢複雜，大多數人幾乎不知道有個美洲。
無論如何，幾百年來的海上聖戰經驗，已經夠尤素夫·卡拉曼利下決定了。
不過，他的王朝其實很新，歷史還不到一百年。他的祖先阿赫美德在1711年才從鄂圖曼蘇丹手上獲得權力。
拜貿易和頻頻劫船之賜，的黎波里在他的家族統治下相當繁榮。

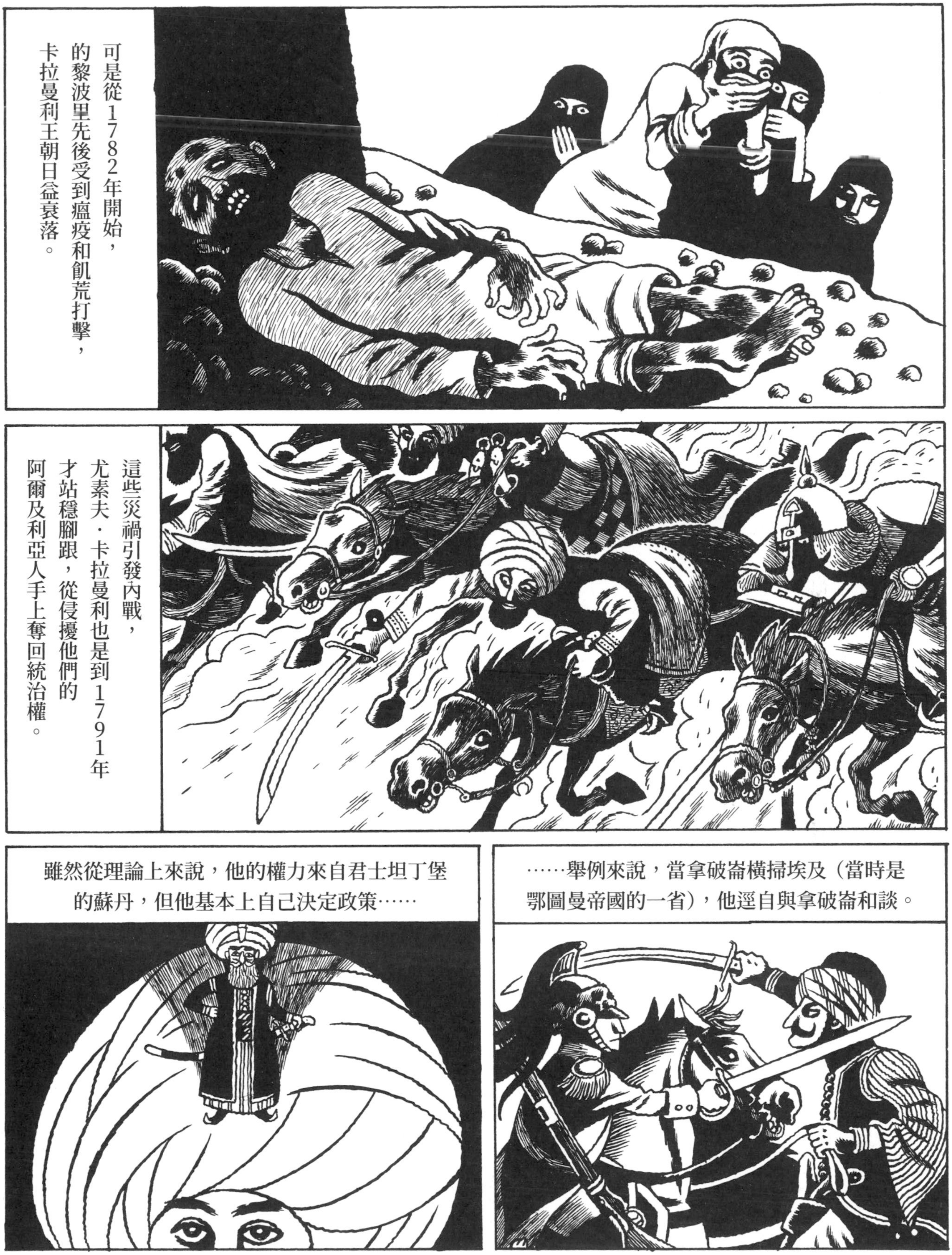

可是從1782年開始，
的黎波里先後受到瘟疫和飢荒打擊，
卡拉曼利王朝日益衰落。
這些災禍引發內戰，
尤素夫・卡拉曼利也是到1791年
才站穩腳跟，從侵擾他們的
阿爾及利亞人手上奪回統治權。
雖然從理論上來說，他的權力來自君士坦丁堡的蘇丹，但他基本上自己決定政策……
……舉例來說，當拿破崙橫掃埃及（當時是鄂圖曼帝國的一省），他逕自與拿破崙和談。

在地中海之外，傑佛遜總統決定派出艦隊
橫越大西洋，對抗的黎波里帕夏。
事前未受諮詢的美國國會議員大怒，畢竟
遠征軍費開銷是巴巴利貢金的兩倍。
四艘美國戰艦越過大海，封鎖的黎波里港口。
但因為它們吃水量
太大，沒辦法通過
港口的暗礁和淺灘，
只好停得遠遠的。
的黎波里的小型帆船只要沿著海岸航行，
輕輕鬆鬆就能避開它們。
美國艦隊很快遇上補給新鮮飲水的問題。

企業號指揮官斯特瑞中尉率艦前往馬爾他，幫全艦隊取水。
報告長官，航向港口！
企業號經過對方的的黎波里號。
他們升旗了。
的黎波里號有14門砲，80名官兵。
斯特瑞中尉使了計謀，升的是英國旗。
準備開火。
這裡是穆罕默德·魯斯，我國與美國處於戰爭狀態，我奉命攻擊美國船隻。

到目前為止，我還沒遇上美國船。
是敵軍！升我們的旗，立刻開火！

是美國人！
各就各位，開砲！
的黎波里號試圖撞沉美國的企業號，
但被企業號閃過。
巴巴利海盜接著試著登船。

不料遭到擊退。
把旗子
降下來！
他們降旗了！
他們想投降！
我們得停火。
保持警戒
……
他們停火了！
快攻啊！上啊！

這一招得用點耐心才能奏效啊！
你們太急了，白痴！
這場仗打了三個鐘頭。
……好幾次降旗假裝投降。
的黎波里方多次企圖登艦……
然而全部失敗。
解決他們吧。舷砲齊發！

我們非投降不可了！
把旗子給我！

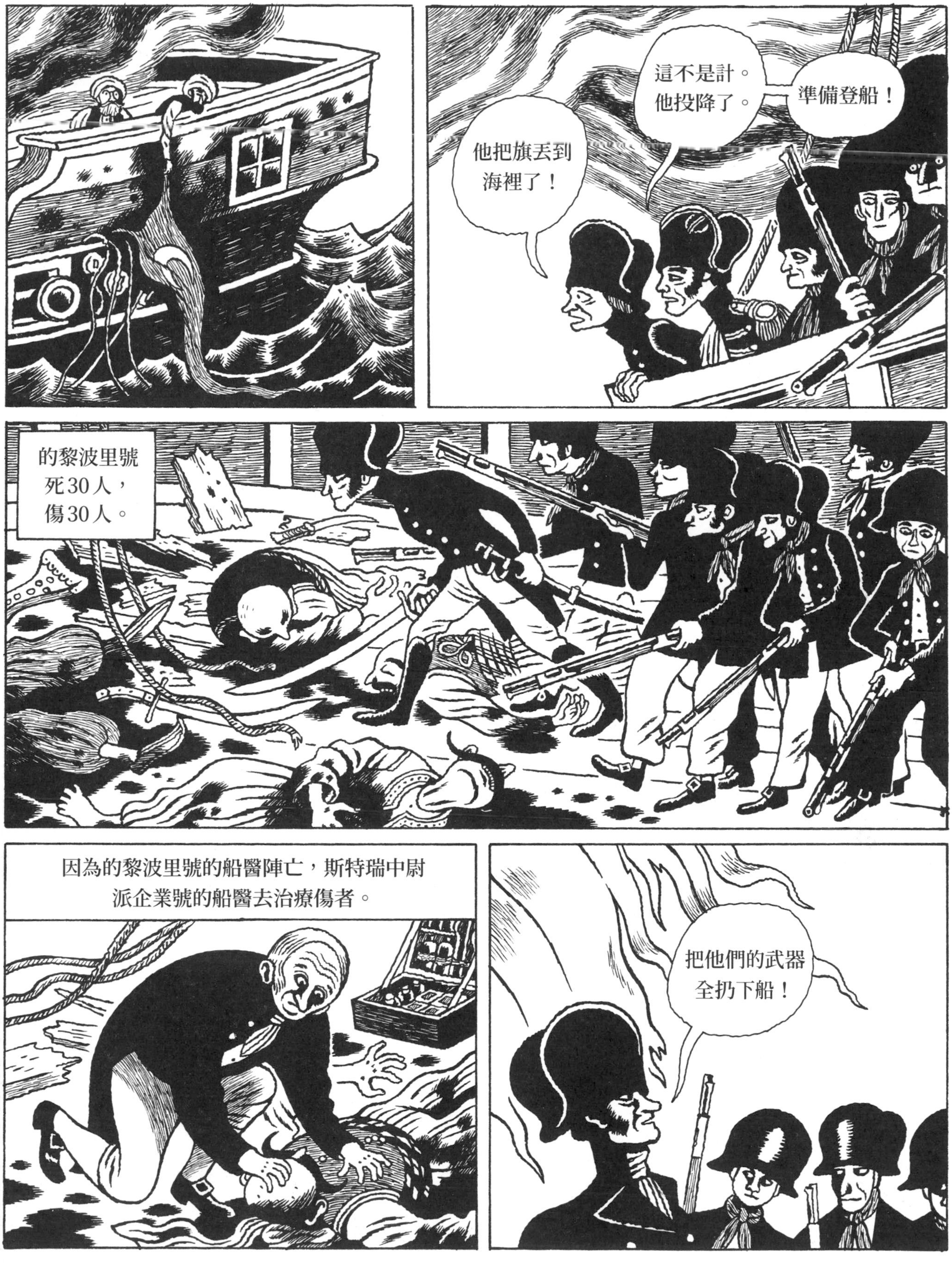
這不是計。
他投降了。
準備登船！
他把旗丟到
海裡了！
的黎波里號
死30人，
傷30人。
因為的黎波里號的船醫陣亡，斯特瑞中尉
派企業號的船醫去治療傷者。
把他們的武器
全扔下船！

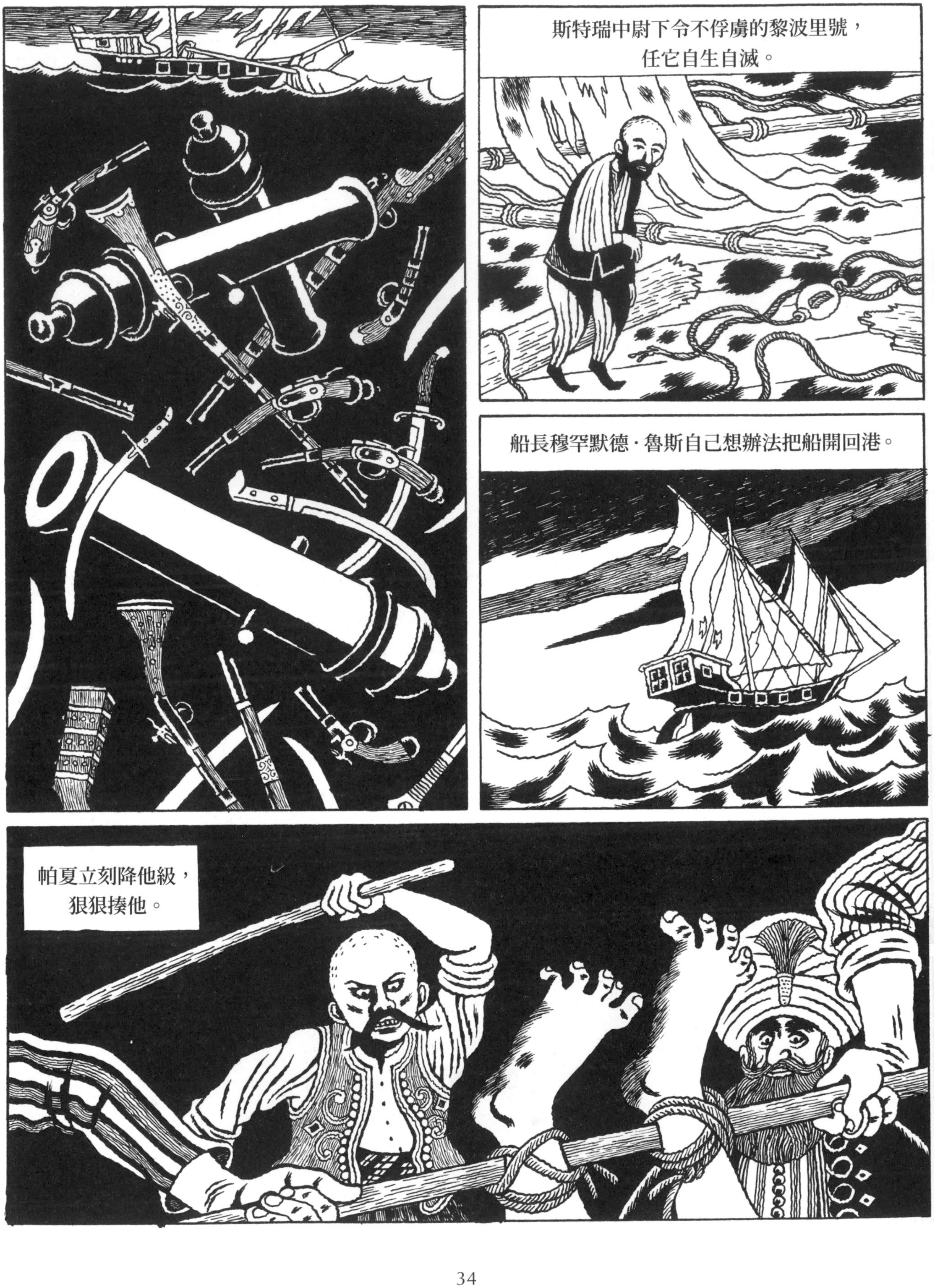
斯特瑞中尉下令不俘虜的黎波里號，
任它自生自滅。
船長穆罕默德．魯斯自己想辦法把船開回港。
帕夏立刻降他級，
狠狠揍他。

美軍繼續封鎖的黎波里港，雖然仍舊成效不彰，
但斯特瑞中尉的勝仗激勵了美國大眾。
傑佛遜總統獲得國會的糧秣和立法支持，
繼續對抗海盜。
……奪下的黎波里帕夏的一切船隻、貨物或臣民，把它們全帶回港口，以便依法處置。
1802年，的黎波里海盜俘虜富蘭克林號，將船員發配為奴。
再次向美國要求贖金。
眼見封鎖港口的效果乏善可陳，達爾准將返回美國，要求海軍上將軍階。
由於美國海軍當時還沒有這個軍階，國會拒絕因人設事。
達爾憤而離開海軍。

1803年4月，第二次遠征由莫理斯准將率隊出發，
可是成果跟第一次一樣有限。

倒是把一批運麵粉的船隊封鎖在的黎波里岸邊。

美國人得登陸
才能摧毀船隊。
他們是燒了一部分
貨物，但也只是
一部分而已。
這是美國史上第一次與穆斯林在陸上作戰。

同年6月，帕夏艦隊裡有艘船被澈底摧毀。

莫理斯准將覺得頂多也只能如此，決定打道回府，結果遭到國會調查。
……這完全不符公共利益！你不用待在美國海軍了，交出指揮權！

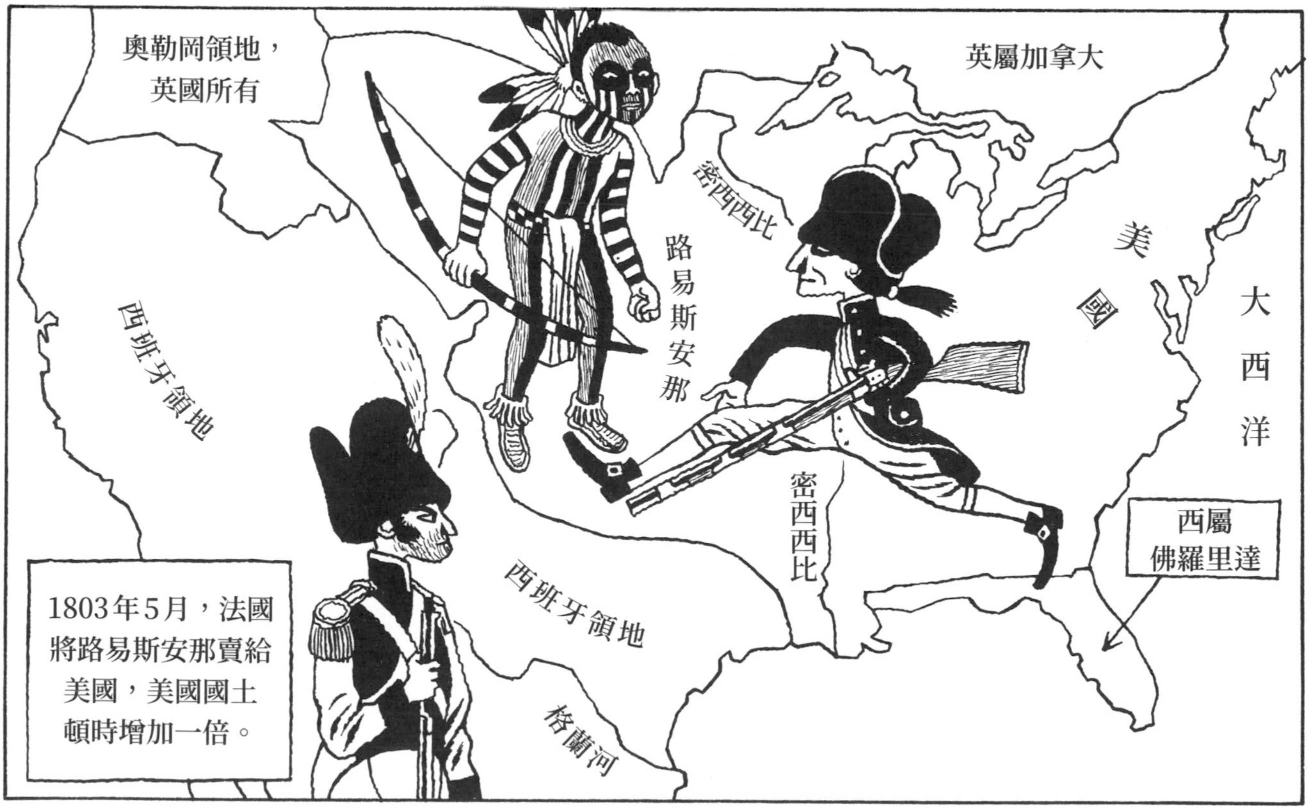
奧勒岡領地，英國所有
英屬加拿大
密西西比
路易斯安那
美國
大西洋
西班牙領地
密西西比
西屬佛羅里達
1803年5月，法國將路易斯安那賣給美國，美國國土頓時增加一倍。
西班牙領地
格蘭河

在的黎波里，卡拉曼利帕夏號召其他諸侯
一起加入聖戰，對抗美國。
阿爾及爾和摩洛哥隨即送上槍枝、軍火和補給。
美國國會決定進行第三次遠征，
但這次得好好考慮指揮官人選。
他們最後選中愛德華．普利柏上校，
此君素有「鐵手套裡的鐵拳」之稱。
1803年10月
7日，美軍
再次封鎖
的黎波里港。

10月31日，費城號
在追擊的黎波里船隻時擱淺。

的黎波里巡邏艦
立刻上前包圍，
砲火齊發。

費城號因為擱
淺的關係，船
身傾斜，根本
沒辦法閃避。

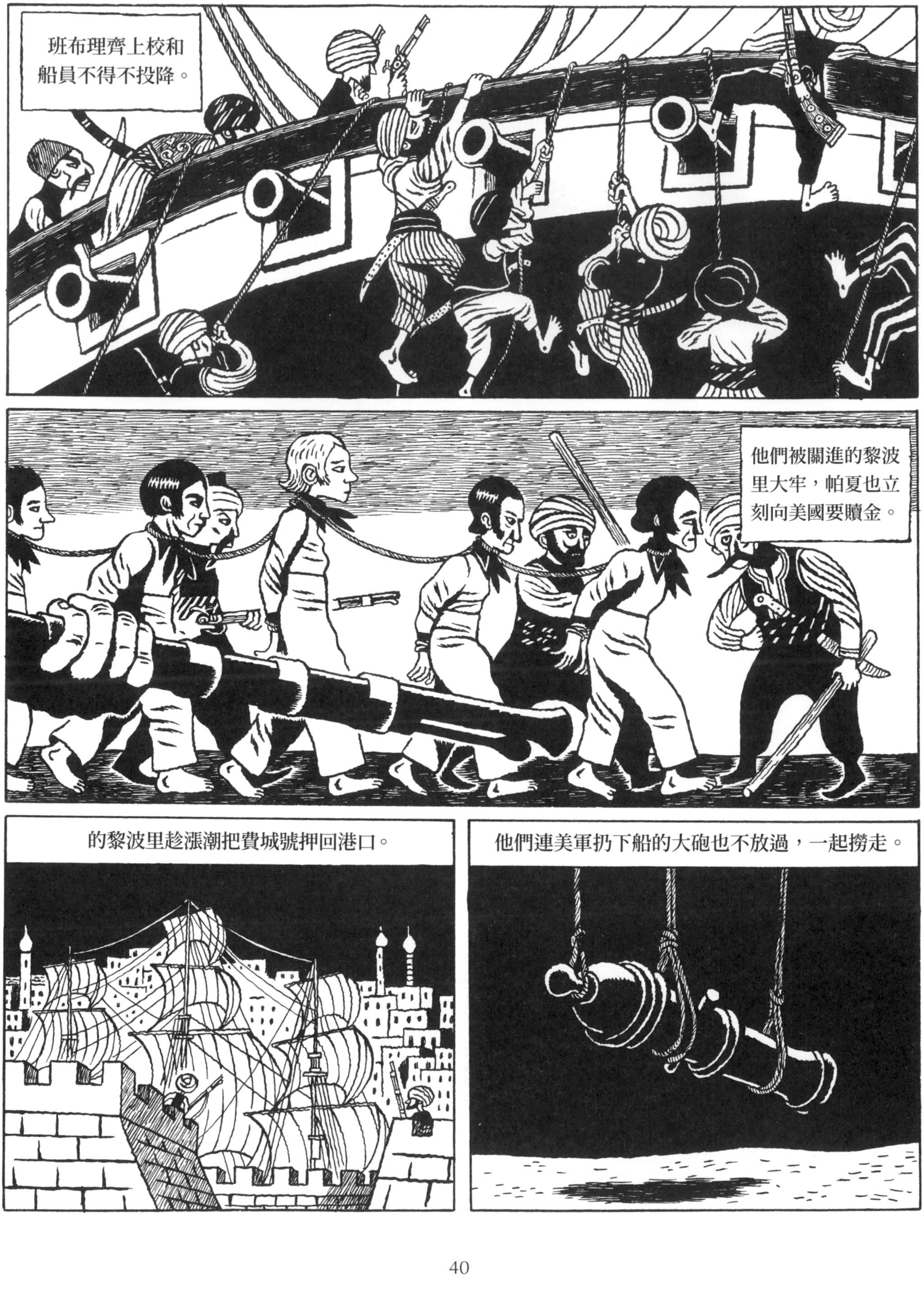
班布理齊上校和船員不得不投降。
他們被關進的黎波里大牢，帕夏也立刻向美國要贖金。
的黎波里趁漲潮把費城號押回港口。
他們連美軍扔下船的大砲也不放過，一起撈走。

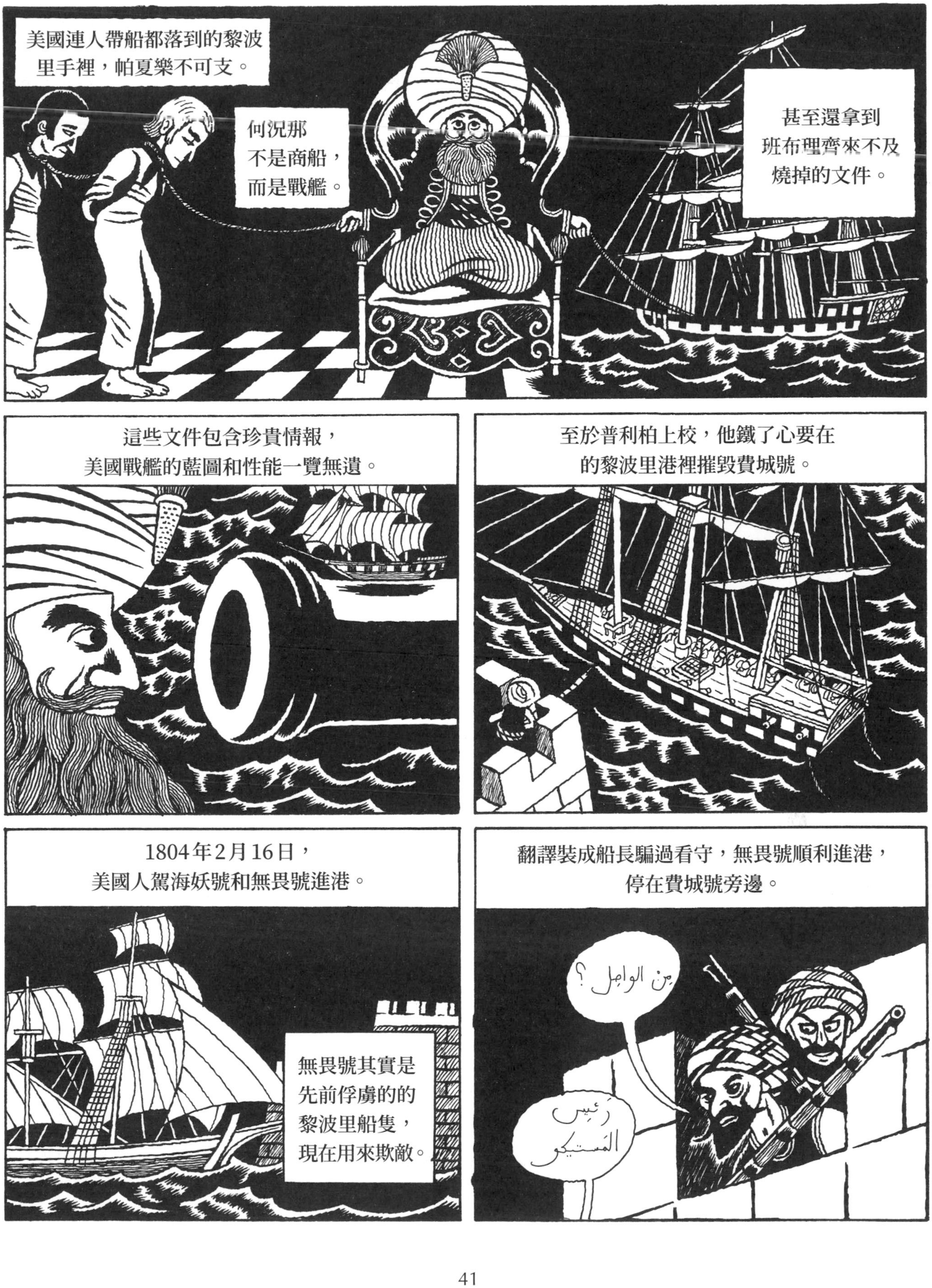
美國連人帶船都落到的黎波里手裡，帕夏樂不可支。
何況那不是商船，而是戰艦。
甚至還拿到班布理齊來不及燒掉的文件。
這些文件包含珍貴情報，美國戰艦的藍圖和性能一覽無遺。
至於普利柏上校，他鐵了心要在的黎波里港裡摧毀費城號。
1804年2月16日，美國人駕海妖號和無畏號進港。
無畏號其實是先前俘虜的的黎波里船隻，現在用來欺敵。
翻譯裝成船長騙過看守，無畏號順利進港，停在費城號旁邊。
من الواصل؟
رئيس المستيكو

迪卡特上尉率兵上船發動攻擊，
的黎波里的船員大驚失色。
的黎波里人不戰而退，跳船逃走。
美軍只需要放上炸藥，點燃引信，
在費城號爆炸前盡快撤退。

費城號在帕夏宮殿下方爆炸，就在他眼皮子底下。
談判籌碼沒了，帕夏怒不可遏，命人把關在監獄裡的費城號水手狠揍一頓。
尤素夫·卡拉曼利使出渾身解數，恫嚇與斡旋並行，一面開出和平條件，一面要求更多贖金。
愛德華·普利柏則一心乘勝追擊。

普利柏向拿坡里國王租砲艇，船上的迫擊砲射擊角度夠高，可以打中的黎波里的防禦工事。
而且因為船身小，他們可以開進港攻擊船隻。
別怕！美國人不過是另一種猶太人罷了，根本不知道怎麼打仗！

美軍不斷以迫擊砲攻擊城市和城牆。
他們也多次登上敵艦攻擊，俘虜了好幾艘船。

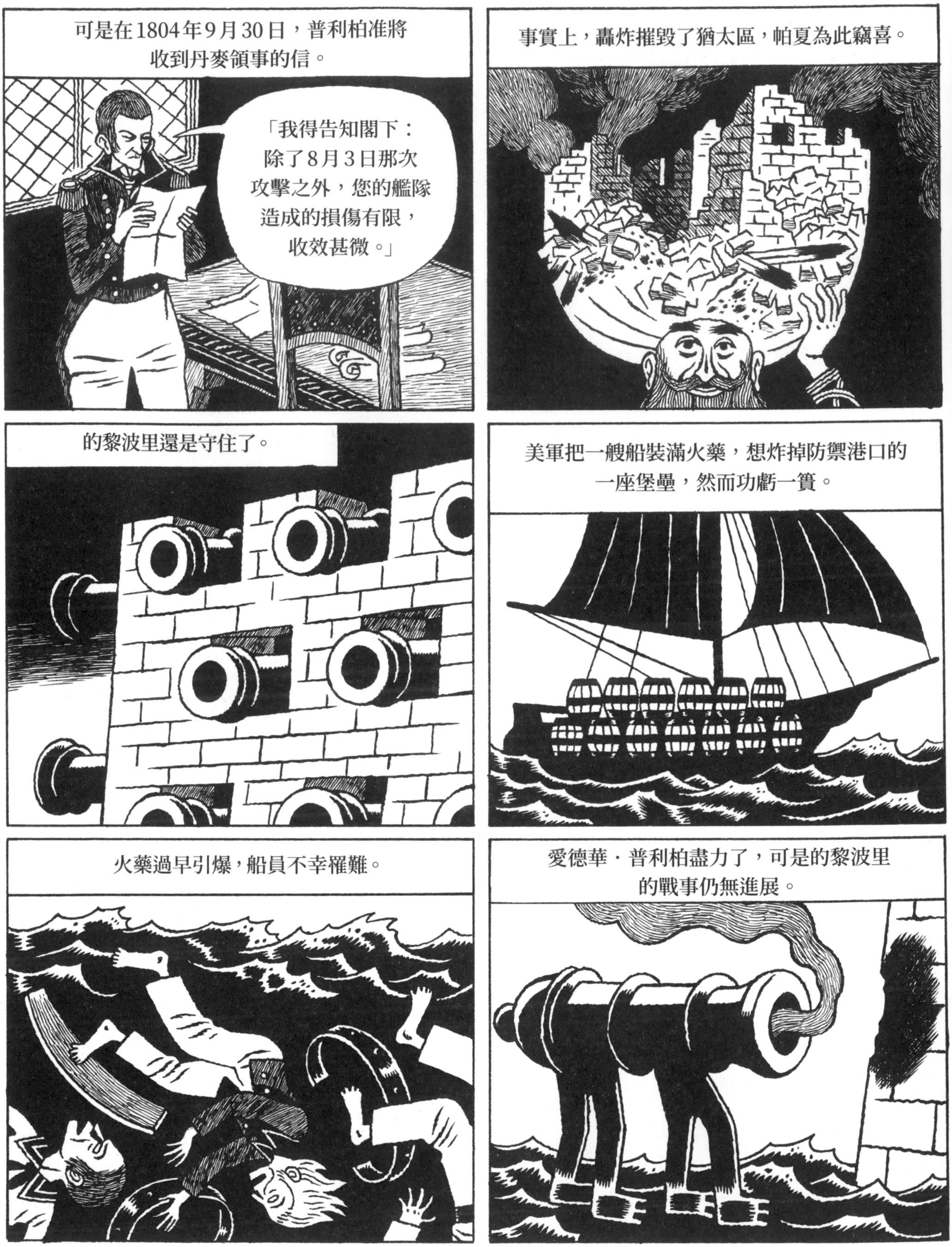
可是在1804年9月30日，普利柏准將
收到丹麥領事的信。
「我得告知閣下：
除了8月3日那次
攻擊之外，您的艦隊
造成的損傷有限，
收效甚微。」
事實上，轟炸摧毀了猶太區，帕夏為此竊喜。
的黎波里還是守住了。
美軍把一艘船裝滿火藥，想炸掉防禦港口的
一座堡壘，然而功虧一簣。
火藥過早引爆，船員不幸罹難。
愛德華．普利柏盡力了，可是的黎波里
的戰事仍無進展。

他只好交出指揮權，讓剛從美國抵達的第四次遠征軍司令詹姆斯·巴倫准將接手。
跟著巴倫來的還有前突尼斯領事威廉·伊頓，他握有一張對抗的黎波里的王牌——哈梅·卡拉曼利，當今帕夏的哥哥。
1793年，阿里·卡拉曼利在死前傳位給長子哈桑，不料三子尤素夫暗殺親兄奪權，並驅逐二哥哈梅。哈梅逃往埃及，尤素夫扣下他的妻子和五個孩子當人質。哈梅此時請美國政府助他奪回權力。

威廉・伊頓原本就是干預主義者，加上哈梅開出很好的和平條件，伊頓馬上決定跟哈梅聯手。
傑佛遜總統批准了這個計畫。
這是美國史上第一次試圖推翻敵國政府。
巴倫准將繼續封鎖行動，但不再砲擊；托比亞斯・李爾領事與尤素夫・卡拉曼利展開新一輪談判；威廉・伊頓則穿越沙漠，與哈梅・卡拉曼利和他的支持者會合。
美國機關算盡，多管齊下。

伊頓和哈梅一起雇了傭兵，
有貝都因人、從埃及軍隊叛逃的希臘人，
還有地中海東岸的冒險家。

造反陣營五百人
進軍的黎波里，
八名美國海軍
也加入其中。

這支軍隊的第一個目標，是位在
的黎波里東方的德爾納港。

不論對誰來說，在沙漠行軍都是苦差事。
隊裡的穆斯林和「異教徒」爆發衝突，前者威脅退出不幹，或是宰了後者。
加錢！加錢！
原來你們阿拉伯人拜的是錢！
伊頓和哈梅·卡拉曼利也翻臉了。
他們精疲力盡了，我們得先紮營休息！
我們得趕去德爾納！

你們不走的話，
就沒有吃的也
別想拿錢！
伊頓和他的人守住補給營房。
到了晚上，每個人都神經
緊繃，情勢一觸即發。
天亮後，
阿拉伯騎兵向
帳棚前進。

他們展開威脅，
作勢攻擊、退回、
再作勢進攻。

可是希臘人
和美國人
毫不退縮。

僵持了一個小時之後，
騎兵隊總算放下武器，
同意繼續前進。

幾天後，美國軍艦再次提供補給，
也準備在他們進攻德爾納時助攻。

1805年4月26日，美國軍艦
百眼巨人號、黃蜂號和鸚鵡螺號
砲擊岸上防禦工事，攻擊開始。

防守士兵趕忙退往城內，
但遭到威廉・伊頓和
哈梅・卡拉曼利的人襲擊。

騎兵從城南
發動攻擊。
阿拉伯、希臘和美國步兵湧向戰場和路障。
歐班農上尉在城牆插上美國國旗。

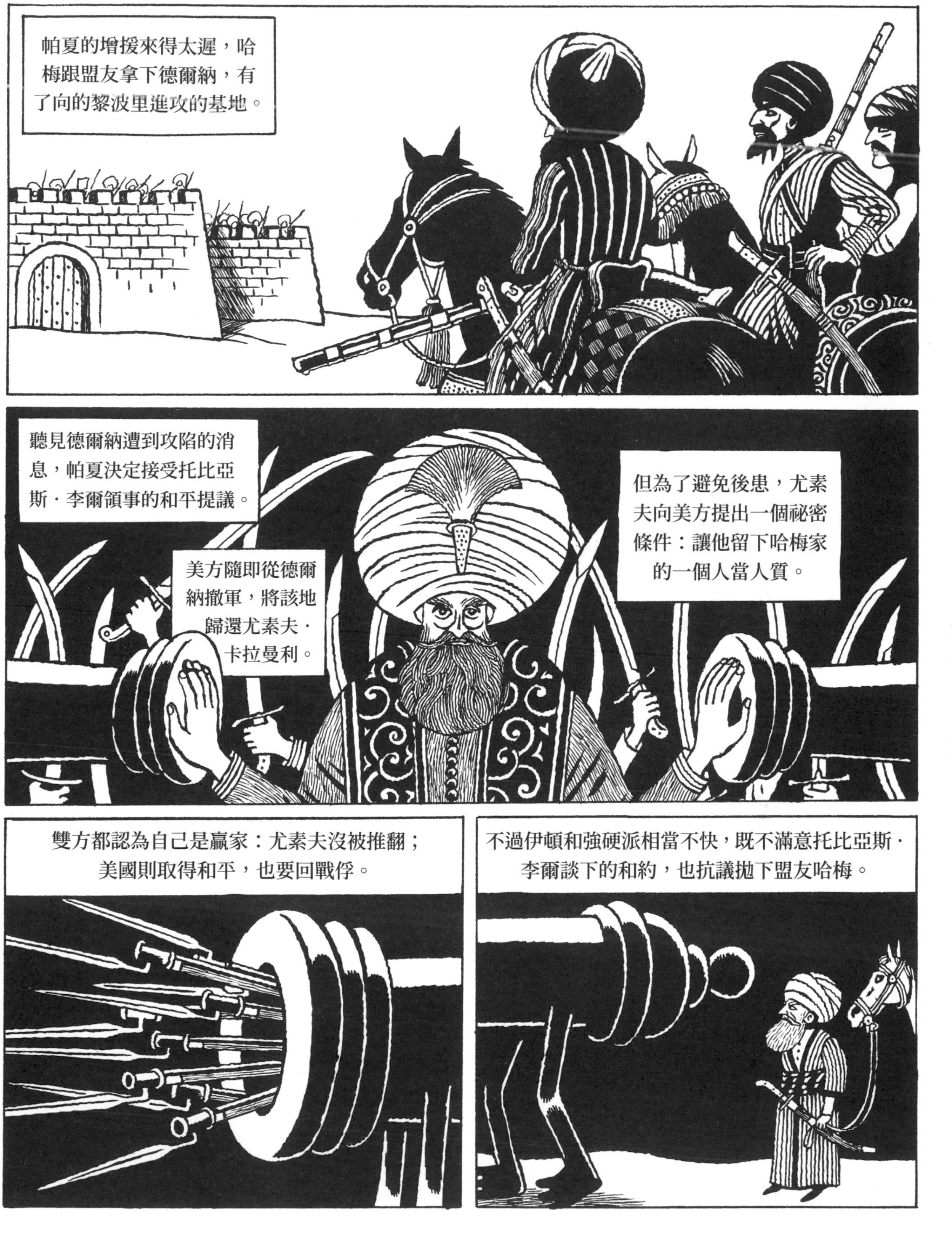
帕夏的增援來得太遲，哈梅跟盟友拿下德爾納，有了向的黎波里進攻的基地。
聽見德爾納遭到攻陷的消息，帕夏決定接受托比亞斯．李爾領事的和平提議。
美方隨即從德爾納撤軍，將該地歸還尤素夫．卡拉曼利。
但為了避免後患，尤素夫向美方提出一個祕密條件：讓他留下哈梅家的一個人當人質。
雙方都認為自己是贏家：尤素夫沒被推翻；美國則取得和平，也要回戰俘。
不過伊頓和強硬派相當不快，既不滿意托比亞斯．李爾談下的和約，也抗議拋下盟友哈梅。

伊頓認為帕夏的地位已大幅削弱，要趕他下台不是問題，而且拿下的黎波里正好殺雞儆猴，讓突尼斯和阿爾及爾知道美國絕不好惹。
跟海盜和談成何體統！
可是對美國政府來說，和談可以多省點銀子，少犧牲人命。
U.S
帕夏也滿意得很：他保住面子，也讓其他巴巴利諸侯看到他挺得住美國。
在阿爾及利亞海盜看來：美國接受和談就代表它是紙老虎。於是，他們也開始劫掠美國船隻。
接下來那幾年，美國好幾艘船遭到攻擊或俘虜。

1812年，美國的注意力轉向第二次獨立戰爭。
直到1815年，美國才重啟與阿爾及爾的戰事，俘虜數艘巴巴利船隻。
美國艦隊兵臨城下，阿爾及爾貝伊不得不展開談判，不僅釋放俘虜，也首度對西方國家做出讓步。

1816年，英國和丹麥也找上門來，
以砲代口「談」下對他們有利的條約。
1830年，法國遠征軍入侵阿爾及爾，推翻其政權。
這也是
巴巴利海盜
的終結。
1805年，
路易斯與克拉克
遠征隊抵達
美洲太平洋海岸。
接下來幾十年，美國
或是靠著條約、或是
靠著征服，在西部和
南部取得廣大領土。
他們為自己建立舉
足輕重的地位，影
響力廣及亞洲、大
洋洲、歐洲和非洲。

3 石油

在1862年之前，美國除了與巴巴利諸侯簽訂條約之外，並沒有跟鄂圖曼帝國建立正式關係。
可是他們派駐伊斯坦堡的代表倒是相當積極——積極打通關節和賄賂地方官員。他們以這種方式為美國國民取得治外法權。
19世紀初的傳教士一來就來上百個。

可是因為衛生條件很差，從1826
到1841年，三分之一的傳教士
剛到沒多久就染病去世。
BIBLE
HOLY BIBLE
這些人滿腔熱血，帶著救世主心態而來，跟那些去美國西部「馴化」印第安人的傳教士很像。
上帝把美洲大陸賜給我們，我們的使命顯然是遍布並占有這塊土地。
約翰·歐蘇利文
1844年，喬治·布希牧師開始呼籲「把以色列還給猶太人」。他是紐約大學希伯來文教授，也是兩位布希總統的祖上。
穆罕默德是假先知！
馬克·吐溫去中東旅行後，對當地宗教提出嚴厲批評。

親眼見到真正的沙漠子民，讓他原有的浪漫想像全部破滅。
傳教士的巴勒斯坦只存在夢裡。

1895年，美國傳教士的中東網絡已有相當規模，包括四百所學校，九所學院，九間醫院，以及十間藥局。
可是皈依入教的當地人極少——而且通常是東正教徒，不是穆斯林。

1902年，美國軍官、國力投射理論家阿弗雷德·馬漢提出「中東」一詞⋯⋯
⋯⋯用以證成「掌控『中東』者能控制世界」。

不過，美國在1914到
1917年保持中立……
……美國也沒有跟著英法兩國
進攻鄂圖曼帝國。
無論如何，美國
少數族裔團體
及其網絡見到
「最高門戶」*
崩潰，還是
高興得很。
大英帝國則是亂開支票，
向敵對各方提出三項
相互矛盾的承諾，中東
局勢直到今天仍受其影響。
在英國軍官
勞倫斯上校**操作下，
鼓動貝都因人反叛
鄂圖曼帝國，建立
阿拉伯王國。
發表《貝爾
福宣言》，支持
猶太復國主義。
簽訂賽克斯－
皮科協定，
與法國瓜分
殖民地。

＊「最高門戶」原指蘇丹宮廷的大門，代指鄂圖曼帝國政府。

＊＊ 即「阿拉伯的勞倫斯」。

威爾遜總統極為反對這種私相授受。
他帶頭倡議民族自決權。
可是國會不支持他，美國沒有加入依威爾遜的原則建立的國際聯盟。
敘利亞
Syrie
Liban
黎巴嫩
美國不只對英法兩國的託管地態度消極……
Palestine
巴勒斯坦
Irak
伊拉克
Transjordanie
外約旦
……對這個地區頻頻出現的民族起義，也視若無睹。

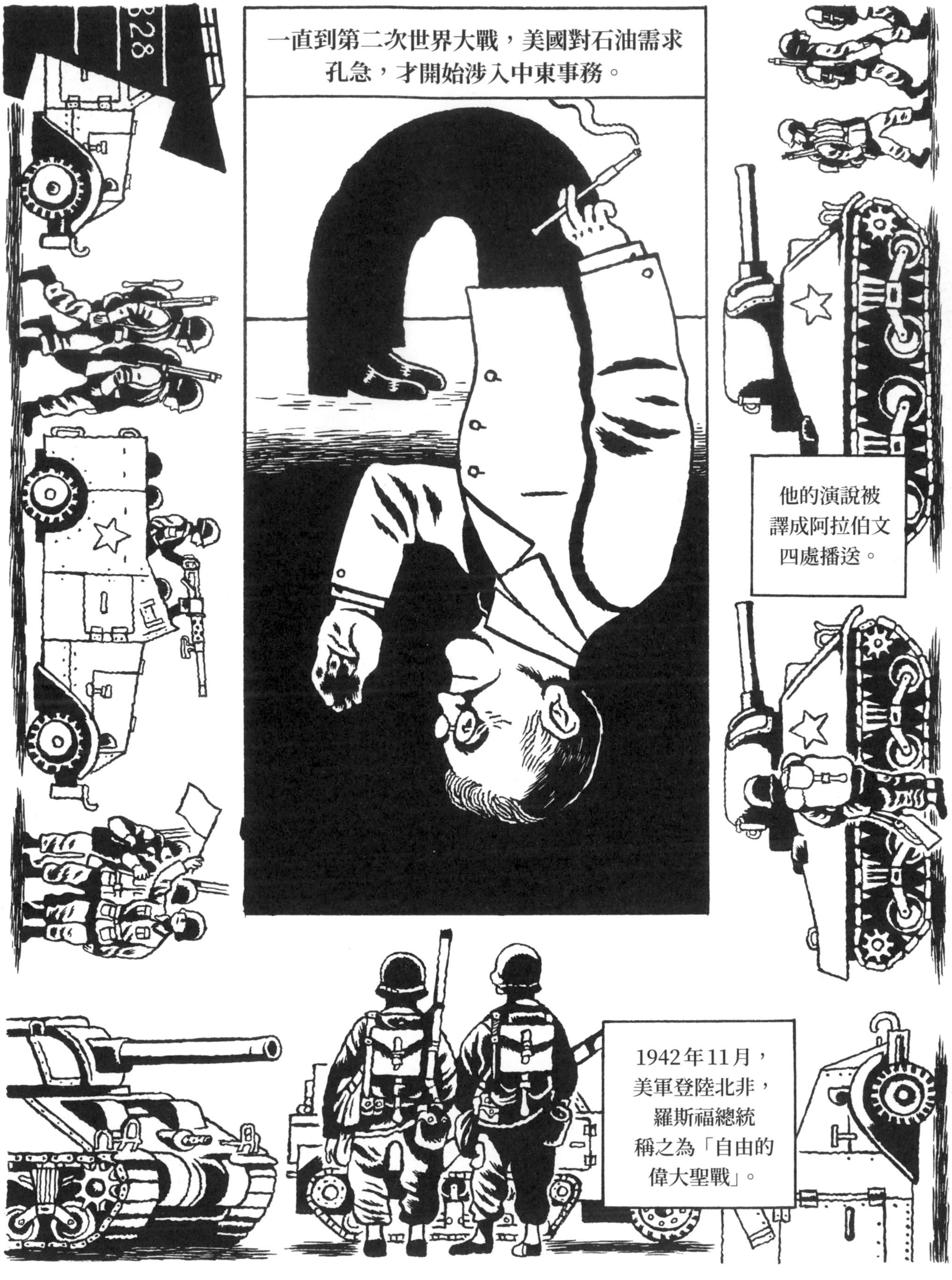
一直到第二次世界大戰，美國對石油需求孔急，才開始涉入中東事務。
他的演說被譯成阿拉伯文四處播送。
1942年11月，美軍登陸北非，羅斯福總統稱之為「自由的偉大聖戰」。

當時唯一未受英國
控制、可以滿足美國
軍事需求的國家，
是沙烏地阿拉伯。
國王阿卜杜勒．
阿齊茲．伊本．
紹德，69歲。
他的王朝
是18世紀
建立的。

話說從頭：18
世紀時，一位
以不寬容聞名
的教長，結識了
一位來自內志
的部落酋長。

瓦哈比教長因為譴責麥加風氣腐敗，被逐出麥加。
當時統治德拉伊耶綠洲的是穆罕默德．紹德，那裡是他的家族根據地。
有了這群打家劫舍的貝都因人當聽眾，瓦哈比教長大力宣揚自己的教義，把他們的劫掠講得像聖戰。
他排斥對伊斯蘭教做任何改變，也嚴詞抨擊異端（也就是跟他信仰不一樣的人），對什葉派尤其痛恨。

沒過多久，瓦哈比派從
阿拉伯中部向外擴張，先征服
利雅德，再奪下哈薩。

1802年，他們攻下
伊拉克境內的什葉派
城市卡爾巴拉，
大肆屠殺平民。
由於當地的鄂圖曼總督
既厭惡什葉派，也敵視
瓦哈比派，乾脆不守
卡爾巴拉，坐視慘劇發生。

瓦哈比派
持續發動征伐
和殺戮。
攻下聖城麥加時，
他們總算放過
當地居民……
……不過還是
毀了陵墓、清真寺
圓頂，以及
「偶像崇拜的建物」。
他們發禁菸令，
當眾燒毀菸管。

不過，這些征伐也有遭受抵抗。
1803年，瓦哈比派首領遭蘇非行者刺殺
（一說為什葉派行刺）。
1818年，鄂圖曼進攻阿拉伯，
在血腥圍城後奪下內志的首都德拉伊耶。
情勢在19世紀日趨穩定。
他也成功約束部落民的強橫天性，前幾任首領都沒做到這點。
有位英國外交官說：
費沙爾酋長雖然御下極嚴，但行事公正。
雖然沒有人愛這位酋長，但他們都對他服氣，提到他時總帶著一股奇特的畏懼，混雜憎恨和敬意。
可是到19世紀末，酋長國爆發內戰。
1891年，拉希德家族將紹德家族逐出利雅德。

1889年，阿卜杜勒·阿齊茲·伊本·紹德的父親設宴招待拉希德家族成員。伊本·紹德當年13歲，親眼看見父親下令殺了這些人。
25歲時，伊本·紹德收復利雅德，成為瓦哈比派首領。
他向統治麥加的哈西姆家族宣戰，於1924年奪下麥加。
在先前擁護他的伊赫萬兄弟會叛變時，英國出手以炸彈和機關槍平亂，伊赫萬重挫。

伊赫萬在1932年的慘敗，為伊本・紹德鋪平登上王位的路。他成為沙烏地阿拉伯首任國王，這也是世界上唯一一個以統治家族為名的國家*。
1919年，威爾遜總統設立金－克蘭委員會，反對中東由英法兩國託管。
委員會也投票支持巴勒斯坦阿拉伯人的權利。
這讓美國在中東饒富聲望。
委員會主席之一查理・克蘭獲伊本・紹德接見，討論石油計畫如何推展。
克蘭曾公開表示自己是反猶主義者，他甚至覺得「反猶」對他是一種恭維。
1939年，伊本・紹德國王開啟閘門，注滿第一座供美國使用的沙烏地油庫。

*「沙烏地」(Saudi) 是「紹德」(Saud) 的形容詞型，意為「紹德（家）的」。

羅斯福總統親自決定：擴大原本用來協助英國和蘇聯的租借法案，將沙烏地阿拉伯納入其中。
總統先生，要把沙烏地阿拉伯說成受法西斯之害的民主國家，我不曉得說不說服得了國會？
哈利．霍普金斯
羅斯福總統的顧問
卡利德和費沙爾兩位王子受邀訪問華盛頓，美國也計劃與沙烏地阿拉伯國王當面商談。
1945年2月12日，伊本．紹德國王和隨行人員登上停泊在吉達海域的美國驅逐艦墨菲號。

沙烏地方以最高機密
準備這次「出航」，
他們擔心國王出國的
消息會引起騷動。
伊本·紹德的
訪問團陣容龐大，
光是隨行人員
就有50個，
還帶了一大群羊。
他認為自己
有責任餵飽
墨菲號船員，
所以帶羊登船。
他也婉拒下榻船
長室，一行人在
甲板上搭帳棚。

美軍特地為他舉行實彈訓練。
也播放戰時宣傳片《戰鬥小姐》請他看，但他興趣缺缺。
他的子民可不會把看電影當消遣。
兩位王子請美方換片。
我聽說你們有別種電影？士兵娛樂時看的那種。
殿下，我向您保證：船上沒有您說的那種電影。

這樣是吧？好吧，要是你不讓我們看，我就告訴我爹，會談砸了算了！
據說王子背著國王看了些影片，內容當然不像《戰鬥小姐》那麼乏味。
甲板上的帳棚成了國王的宮廷。
伊本·紹德跟艦上軍官交換禮物。
讀特地為他翻譯的新聞公報跟上國際局勢。

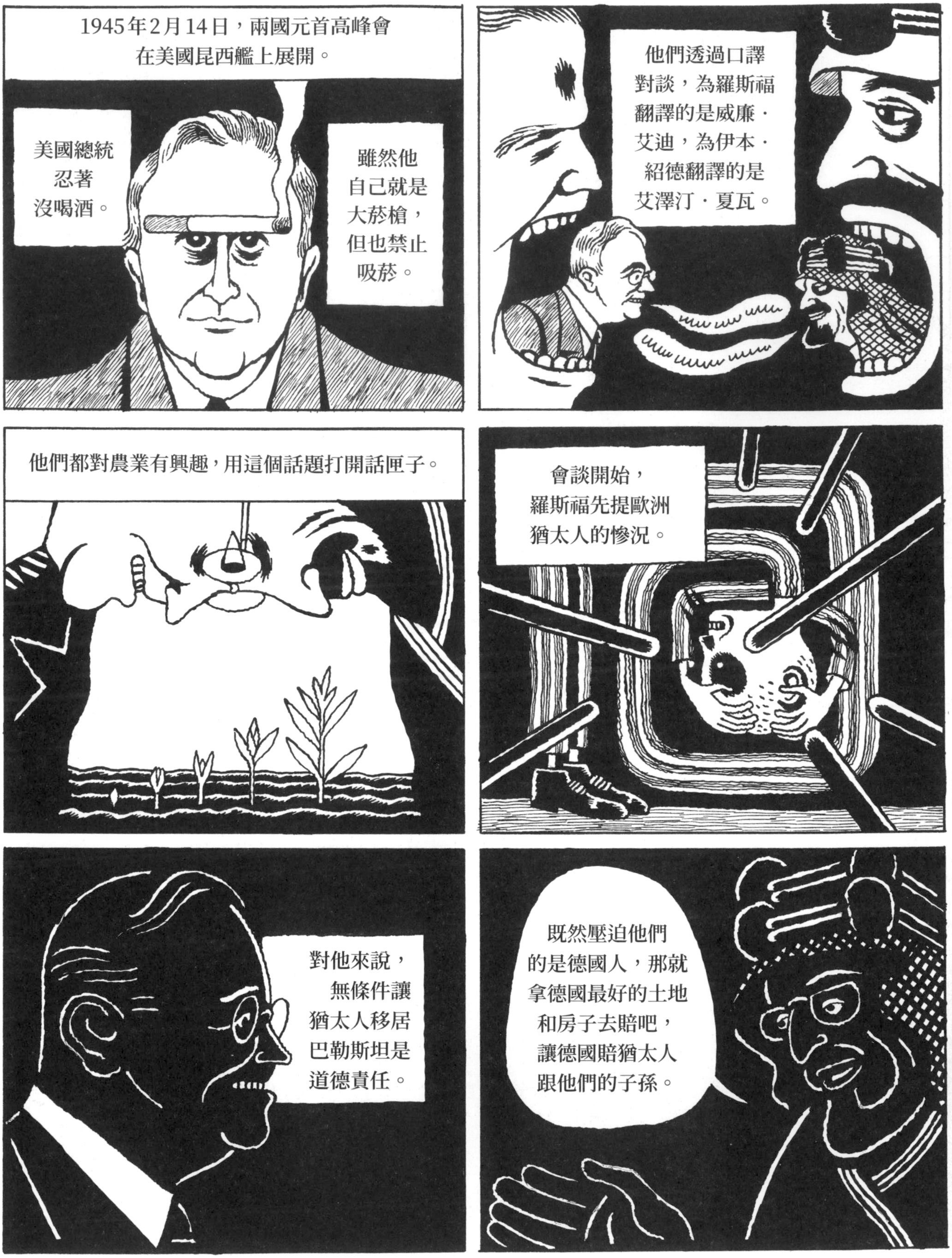
1945年2月14日，兩國元首高峰會
在美國昆西艦上展開。
美國總統
忍著
沒喝酒。
雖然他
自己就是
大菸槍，
但也禁止
吸菸。
他們透過口譯
對談，為羅斯福
翻譯的是威廉·
艾迪，為伊本·
紹德翻譯的是
艾澤汀·夏瓦。
他們都對農業有興趣，用這個話題打開話匣子。
會談開始，
羅斯福先提歐洲
猶太人的慘況。
對他來說，
無條件讓
猶太人移居
巴勒斯坦是
道德責任。
既然壓迫他們
的是德國人，那就
拿德國最好的土地
和房子去賠吧，
讓德國賠猶太人
跟他們的子孫。

伊本·紹德說：我們在阿拉伯是這樣解決問題的。罰犯錯的人跟他全家，而不是找局外人收爛攤子。
巴勒斯坦是個小地方，而且窮得要命。可是他們對同盟國這方盡心盡力吶！
羅斯福聽了一驚，承諾做任何與巴勒斯坦有關的決定之前，都會先徵詢沙烏地阿拉伯的意見。
他也請國王正式承諾投入戰爭。
好。我向我的美國朋友保證：我們會在戰爭時加入他這一方。
對伊本·紹德來說，這份「友誼」就像部落團結一樣，是具有拘束力的協定。

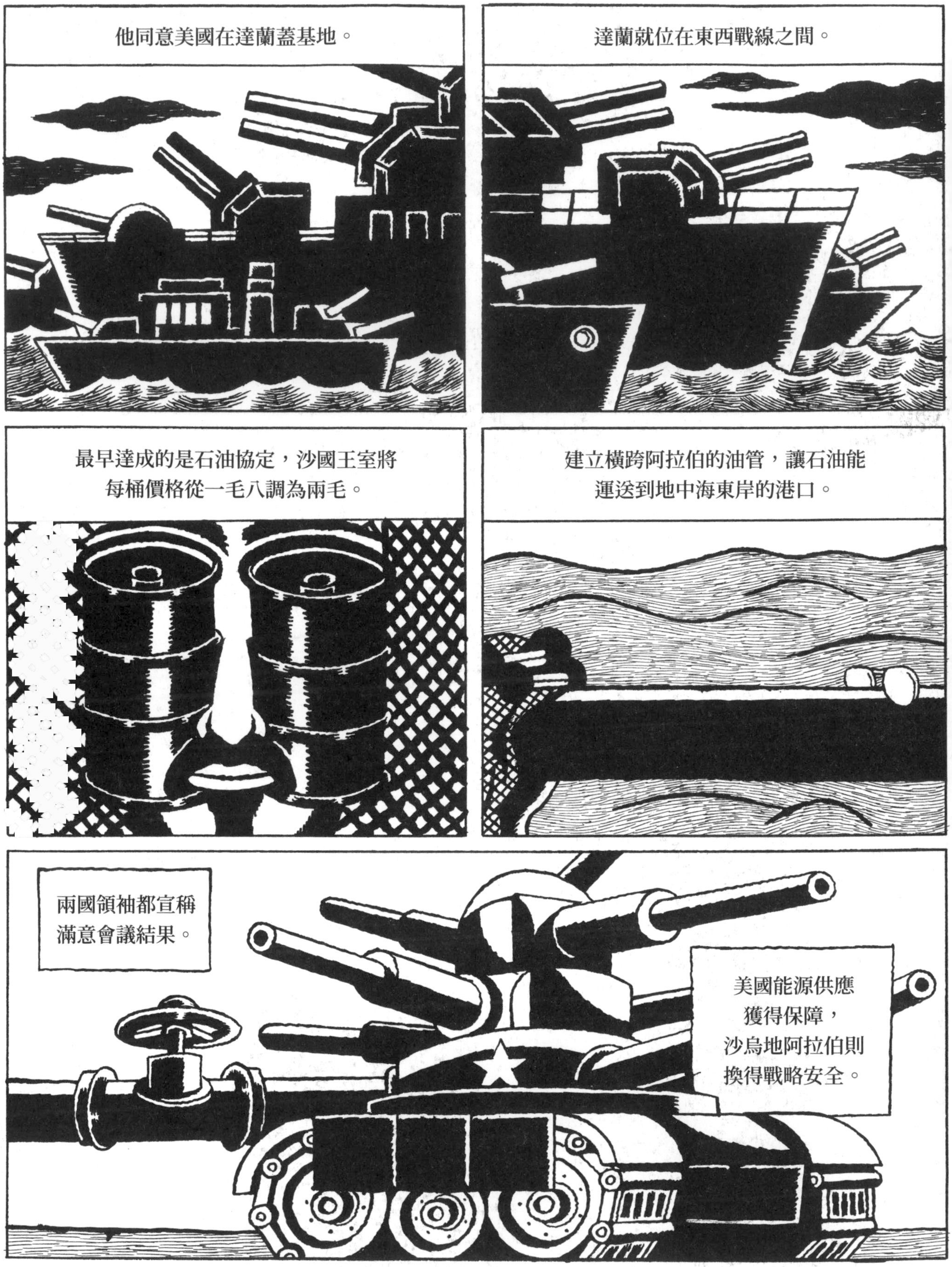
他同意美國在達蘭蓋基地。
達蘭就位在東西戰線之間。
最早達成的是石油協定，沙國王室將
每桶價格從一毛八調為兩毛。
建立橫跨阿拉伯的油管，讓石油能
運送到地中海東岸的港口。
兩國領袖都宣稱
滿意會議結果。
美國能源供應
獲得保障，
沙烏地阿拉伯則
換得戰略安全。

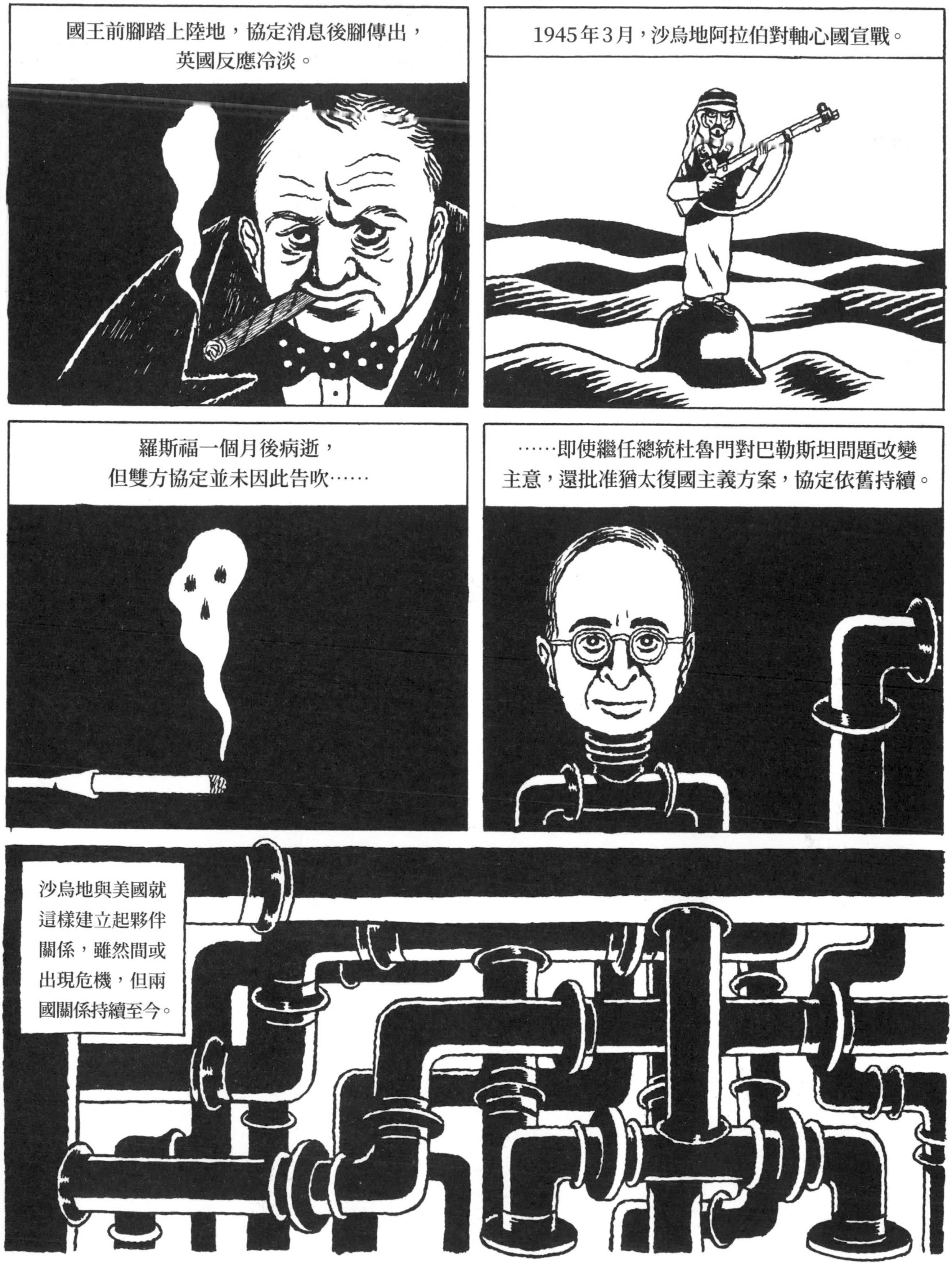
國王前腳踏上陸地，協定消息後腳傳出，
英國反應冷淡。
1945年3月，沙烏地阿拉伯對軸心國宣戰。
羅斯福一個月後病逝，
但雙方協定並未因此告吹……
……即使繼任總統杜魯門對巴勒斯坦問題改變
主意，還批准猶太復國主義方案，協定依舊持續。
沙烏地與美國就
這樣建立起夥伴
關係，雖然間或
出現危機，但兩
國關係持續至今。

4 政變

1901年，澳洲人
威廉·諾克斯開始在
波斯鑽探石油。
在英國支持
下，他成立了
英波石油
公司（APOC）。

1914年，邱吉爾為
英國政府取得APOC
過半持股（51%），
得以控制該公司。
一次大戰促成決定性
改變：皇家海軍的需求
從燃煤轉為石油。

為了在戰爭期間保護本國利益，俄軍占領波斯北部，英軍則占領石油蘊藏豐富的南部。*
兩國軍隊都遭到地方游擊隊攻擊。
為取得石油開採權，英國同意將石油利潤的16%付給波斯，1925年繼位的禮薩・沙・巴勒維原本批准協議……
……但他於1932年廢約，並在國際聯盟的協助下重新談判。波斯首都德黑蘭獲得承諾，每年可以抽一百萬英鎊的稅。
英國開採特許終止期從1961年延到1993年，APOC也改名AIOC（英伊石油公司）。**

＊ 波斯於1935年更名為伊朗。

＊＊ AIOC，Anglo-Iranian Oil Company。

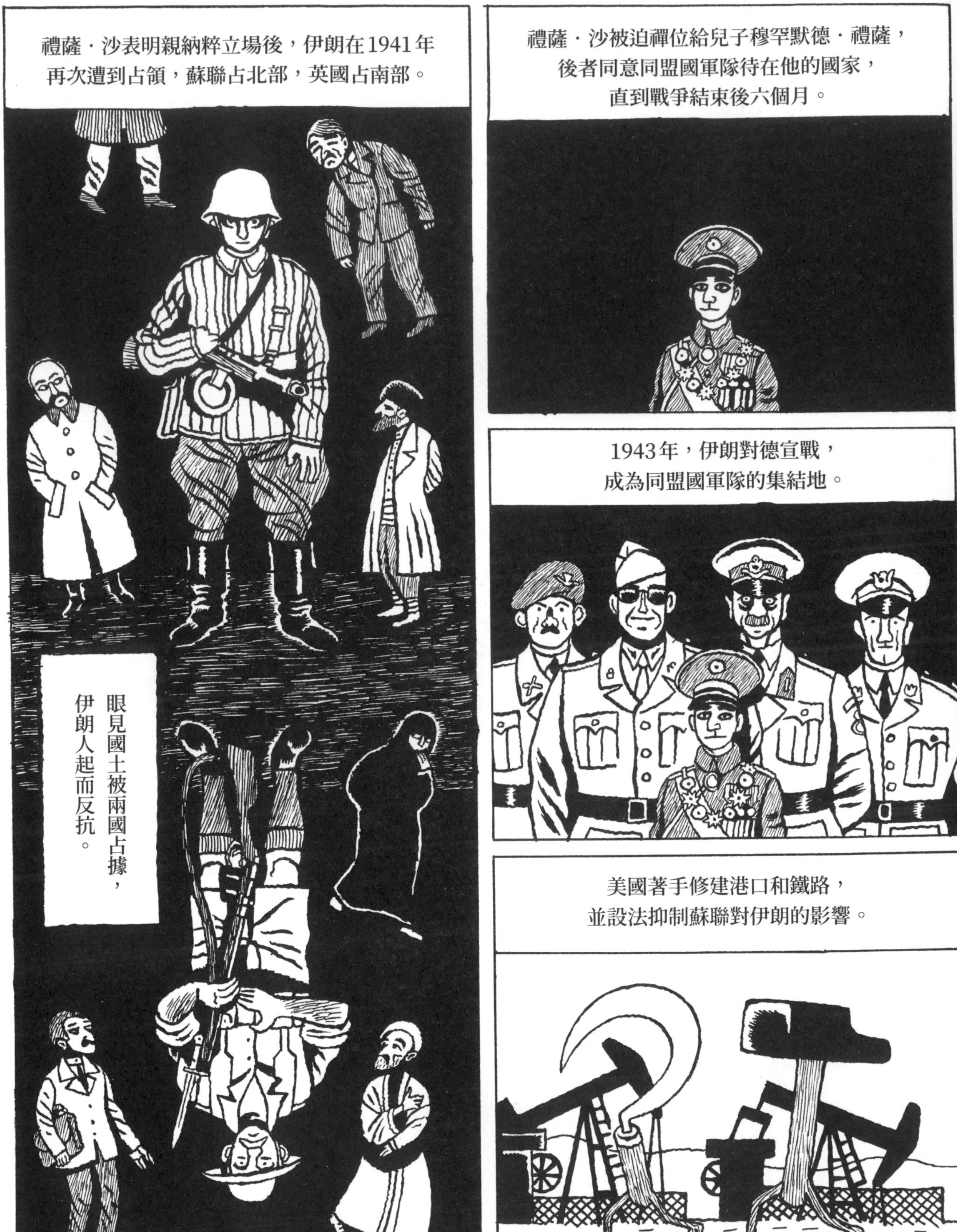
禮薩・沙表明親納粹立場後，伊朗在1941年再次遭到占領，蘇聯占北部，英國占南部。
眼見國土被兩國占據，伊朗人起而反抗。
禮薩・沙被迫禪位給兒子穆罕默德・禮薩，後者同意同盟國軍隊待在他的國家，直到戰爭結束後六個月。
1943年，伊朗對德宣戰，成為同盟國軍隊的集結地。
美國著手修建港口和鐵路，並設法抑制蘇聯對伊朗的影響。

冷戰開始。
赫伯特．諾曼．史瓦茲柯夫將軍協助訓練伊朗軍隊。
1943年，國會議員穆罕默德．摩薩台發起「伊朗自由與獨立運動」。
目標是廢除讓與英俄兩國的特權。
極具實力的伊朗共產主義政黨「圖德」也展開動員，要求給予俄國石油特許，反對石油產業國有化措施。
美國向英國施壓，希望英伊石油公司能讓伊朗取得更多利益，就像ARAMCO＊對沙烏地阿拉伯一樣。

＊ 沙烏地－美國石油公司。

倫敦拒絕，
談判陷入
泥沼。
1951年3月，
伊朗總理
阿里・拉茲馬
拉遭到宗教極
端份子刺殺。
伊朗國會選舉
穆罕默德・
摩薩台
擔任總理。
摩薩台開出條件：
如果能立法將AIOC
國有化，他就接下
總理一職。
由於身體情況不佳，
摩薩台躺在床上辦公。
他穿睡衣接見
英美特使……
……也只用
法文跟他們
講話。

摩薩台曾留學法國，因經歷不凡而赫赫有名。
摩薩台擔任行省總督和部長期間，反對英俄勢力壓抑伊朗經濟。
1925年，在國會150名議員裡，只有五位議員投票反對任命禮薩為伊朗新王，摩薩台就是其中一位。
他後來遭到軟禁，直到同盟國在1941年推翻國王才重獲自由。

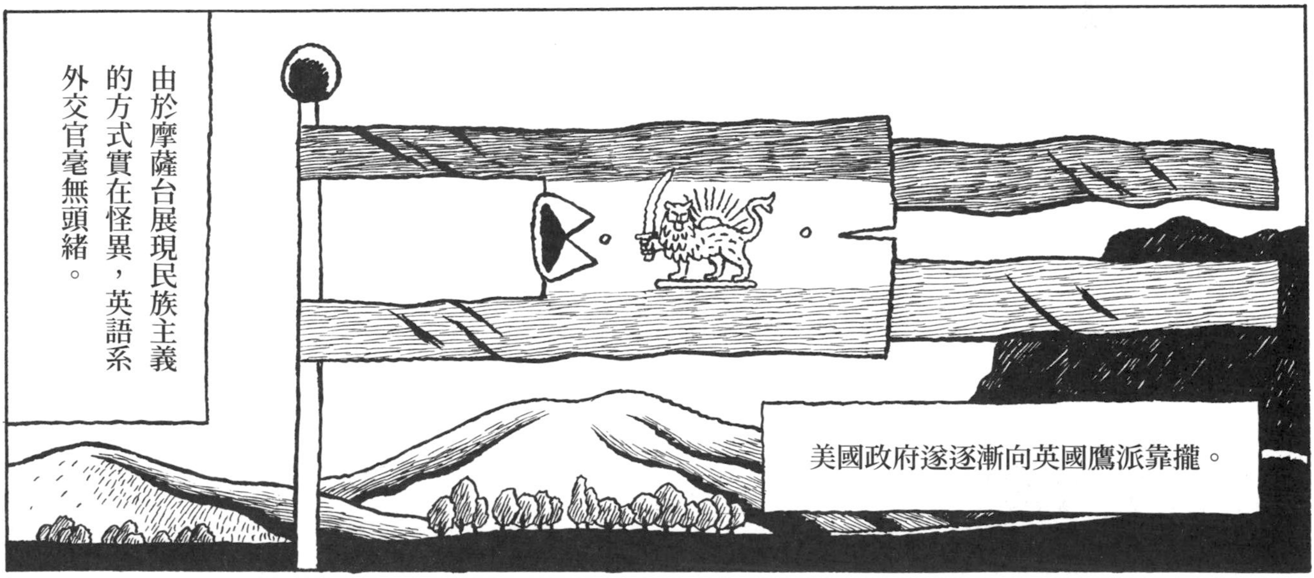
由於摩薩台展現民族主義的方式實在怪異，英語系外交官毫無頭緒。
美國政府逐逐漸向英國鷹派靠攏。

一九五一年，AIOC起而杯葛伊朗石油，美國石油公司也跟著響應。但摩薩台拒絕改變做法。
美國國務卿說這會是「壕溝戰」。
伊朗歲入驟降四成，危機愈演愈烈。
1952年，摩薩台的支持者暴力示威三天，他再度獲選為總理。
海牙國際法院也支持伊朗的主張。
在邱吉爾看來，現在唯一的辦法是推翻伊朗政府，他立刻著手進行。

英國情報機關相中的是伊朗將軍法茲盧拉·扎赫迪。
此人野心勃勃、貪婪腐化，而且在二次大戰期間親納粹，是很不錯的收買對象。
不過，摩薩台也聽到風聲，知道英國情報員正與扎赫迪密談。
摩薩台決定釜底抽薪，在1952年10月斷絕與倫敦的外交關係。
這樣一來，英國特務就沒了外交掩護，不得不離開伊朗。
他們的伊朗共謀者只能自求多福。

艾森豪總統於1953年1月就職後，
華盛頓和倫敦決定要拉摩薩台下台。
第一次行動是1953年2月28日，
暴民衝進來啦！
衝進官邸的有保皇派、
阿亞圖拉·卡沙尼的追隨者*，
以及「無腦夏邦」率領的暴民。
總理千鈞一髮
從後院逃走。

*「阿亞圖拉」（Ayatollah）意譯為「真主的記號」，是精通《古蘭經》和伊斯蘭教法的知識分子。
在什葉派中，阿亞圖拉可依自身教理學養對難解議題做出裁斷。

摩薩台進議會避難，嚴厲譴責
國王、扎赫迪將軍和美國大使
沆瀣一氣，圖謀不軌。

4月，伊朗警察總監
馬赫穆德·阿福夏圖斯遭綁票殺害。
他素孚眾望，可能也反對政變。

其他將領、首長和官員
也是攻擊目標，
但他們的護衛成功阻止暗算。
這些行動的目的是讓伊朗陷入混亂。

這些行動失敗後，
艾森豪政府
決定主導政變。
主持行動的是老羅斯福總統
的兒子克米特·羅斯福。
他夠了解
伊朗，也曾在
二次大戰期間
擔任情報官。

他的頂頭上司是
杜勒斯兄弟。
國務卿福斯
特·杜勒斯。
中情局局長
艾倫·
杜勒斯。
克米特·羅斯福有一百萬
美元的經費弄垮摩薩台。

這場政變的特色之一是
有好幾組「兄弟檔」。
在德黑蘭，拉希典家的阿薩多
拉、廓德拉托拉和塞佛拉三兄
弟，都是這場陰謀裡的要角。
他們利用人
脈，在政治、
媒體和街頭吹
皺一池春水。
阿里·賈里里和法魯克·凱瓦尼是組織暴
動能手，CIA給他們取的代號是「兄弟」。

這場叛變以扎赫迪將軍為首，由他率領各級軍官起事。
阿亞圖拉·卡沙尼也參與其中，他負責提供宗教支持。
當時年紀尚輕的穆拉*何梅尼也大力抨擊摩薩台政府。
政變當然少不了暴民。
他們摩拳擦掌，就等著出事。
連國王都有份。
這場政變沒有他就成不了事，偏偏他猶豫不決。
有點恐怖……

＊「Mulla」指的是精通伊斯蘭神學及教法的穆斯林，常用以尊稱伊斯蘭教士或清真寺領袖。

1951年，法國海濱。
殿下。
謝謝您接見我們。
阿什拉夫公主是國王的孿生妹妹，王室裡最剛毅果敢的人是她。
阿薩多拉·拉希典跟我講過你們會來。
英國的諾曼·達比夏爾率英美兩國特務求見。
我們的政府決定協助伊朗愛國志士，推翻穆罕默德·摩薩台政府。
不過，我們很難說服國王陛下這件事已十萬火急。
我哥哥還真可悲。坐在王位上的應該是我才對。
公主說得是。我們需要您幫忙說服陛下！

別白費力氣啦！我剛剛就講了他不是這塊料，懦夫一個。
我等深有同感。
不過，您向陛下提提應該也不太費事。
我們也帶了些禮物感謝您的奔走。
我會盡力而為。
這件大衣……也許您會喜歡？
我明天就回德黑蘭。

國王一開始不想見他妹妹。
但他非見不可。
阿什拉夫公主沒花多少力氣就說服了他。
克米特·羅斯福的第二張王牌是史瓦茲柯夫將軍。
在上次戰爭時，他訓練出一整批伊朗軍隊。
事情安排得妥妥貼貼。將軍突然從埃及到巴勒斯坦視察，而且會在伊朗停留。
哈囉，克米特。
將軍好，我們有很多事得做呢！
他不是空手而來，有大把鈔票分給被美國吸收的伊朗間諜。
他也獲得國王接見，但國王表現很奇怪……
陛下。
？

國王默默帶
他穿過迷宮
似的宮殿，
走過空蕩蕩
的廳堂。
?
噓！
?

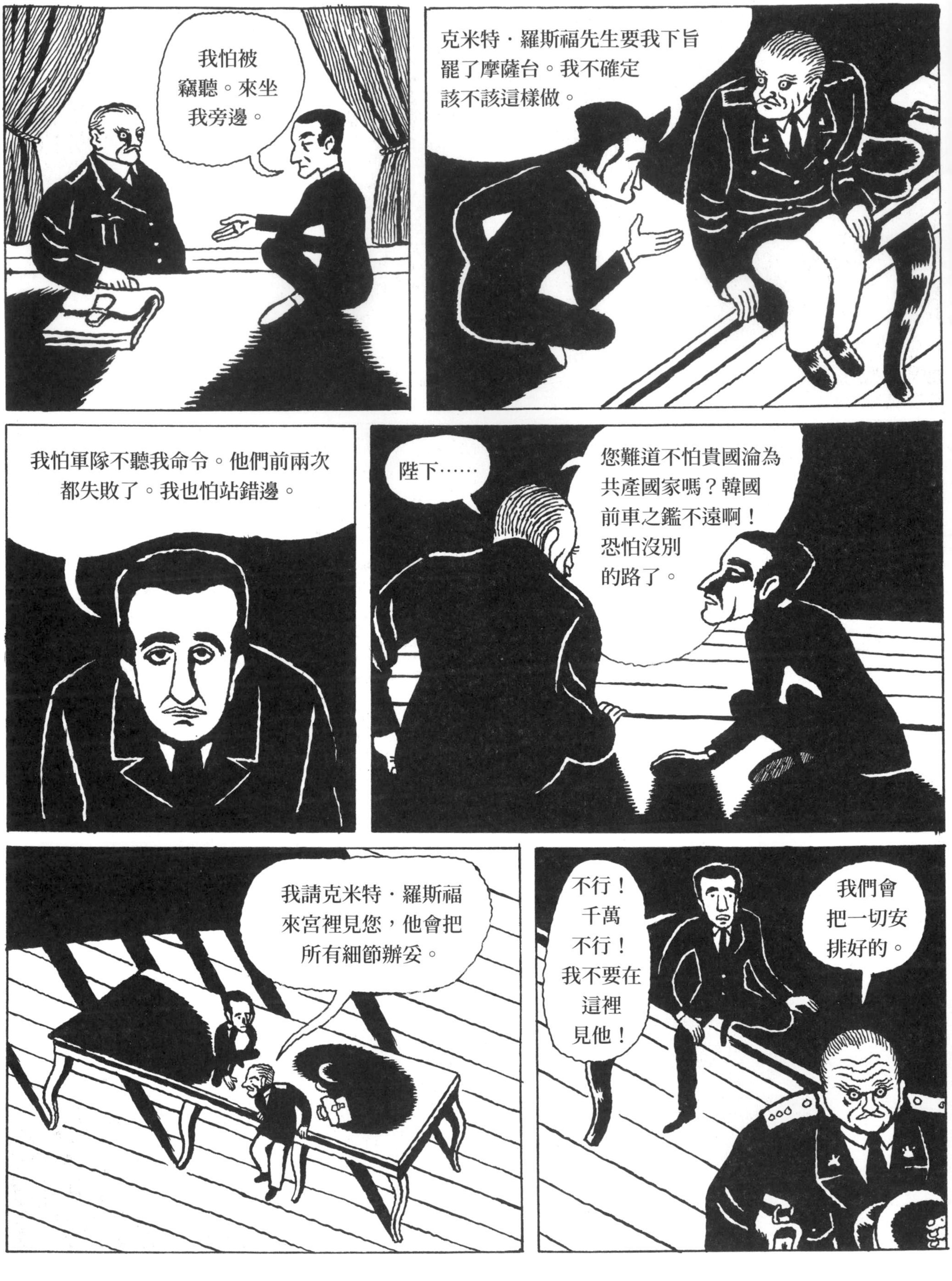
我怕被竊聽。來坐我旁邊。
克米特·羅斯福先生要我下旨罷了摩薩台。我不確定該不該這樣做。
我怕軍隊不聽我命令。他們前兩次都失敗了。我也怕站錯邊。
陛下……
您難道不怕貴國淪為共產國家嗎？韓國前車之鑑不遠啊！恐怕沒別的路了。
我請克米特·羅斯福來宮裡見您，他會把所有細節辦妥。
不行！千萬不行！我不要在這裡見他！
我們會把一切安排好的。

克米特·羅斯福想辦法和伊朗國王祕密會面，告訴他別無他法。
那天深夜，一輛車來接克米特·羅斯福。
他被帶到王宮花園的祕密入口。
晚安，羅斯福先生。
陛下晚安。

我代表美英兩國情報
單位前來貴國。
請聽明晚BBC節目結尾，
有暗號可以證明我
所言不虛。
我得確定
邱吉爾會站在
我這邊。
我不想冒險。
陛下，您是一國之君，
只有您能下令罷黜
摩薩台首相。
如果他繼續掌權，貴國
會落入共產黨手中，
我國政府不打算
讓這種事發生。
罷了他只會讓他
氣焰更高啊……
要是您不幫我們，
我們只好用
其他辦法了。
羅斯福先生，
我們明晚再碰面
談細節吧。
BBC今晚的
節目已進入尾聲，
現在時間
接近午夜……
「接近午夜」。
真有暗號。
他說的
是真的。

接下來幾晚，克米特·羅斯福和國王又見了幾次面。
這名美國特務漸漸說動國王。
好。我決定下旨罷了他。
可是政變期間我不想待在德黑蘭，我要去拉姆薩的行宮。
國王果然離開首都前往拉姆薩，但他「忘了」簽諭令。
他的侍衛長親自拿給他簽。
總算搞定。
美國使館小心保管諭令，以免國王反悔。
CIA探員狂歡慶祝策略成功。

政變計畫以
《伊利亞德》裡的
英雄為名，叫做
「亞杰克斯行動」。
計畫一開始進行得並不順利。
納西里上校
負責到
摩薩台官邸
逮捕他。
逮捕首相！
上校，
沒搞錯吧？
該抓起來的
是你！
可是克米特．
羅斯福堅不推卻，
反而加強
反政府宣傳。

他賄賂記者發動
卑鄙的輿論戰。
國王親信遭
不明人士威脅，
後者據說是
摩薩台的
支持者。
被收買的
穆拉紛紛
在講道時
譴責
摩薩台。
有人在街頭
散發傳單，
誣賴首相和
共產黨合謀。
受賄政客也
在國會裡抨
擊摩薩台。
拿錢辦事的假抗議者
開始現身街頭。

他們高喊支持共產主義的口號。
他們攻擊路人、店鋪、清真寺……
雇走路工的賈里里和凱瓦尼開始感到恐懼。
阿里，這勢頭看來不妙啊，咱倆該收手啦！
他們向克米特．羅斯福說出決定。
收手？
太晚了吧！
我的建議是這樣：我給你們五萬美金如何？
不要的話，我就找人宰了你們。
示威者的行為越來越暴力。

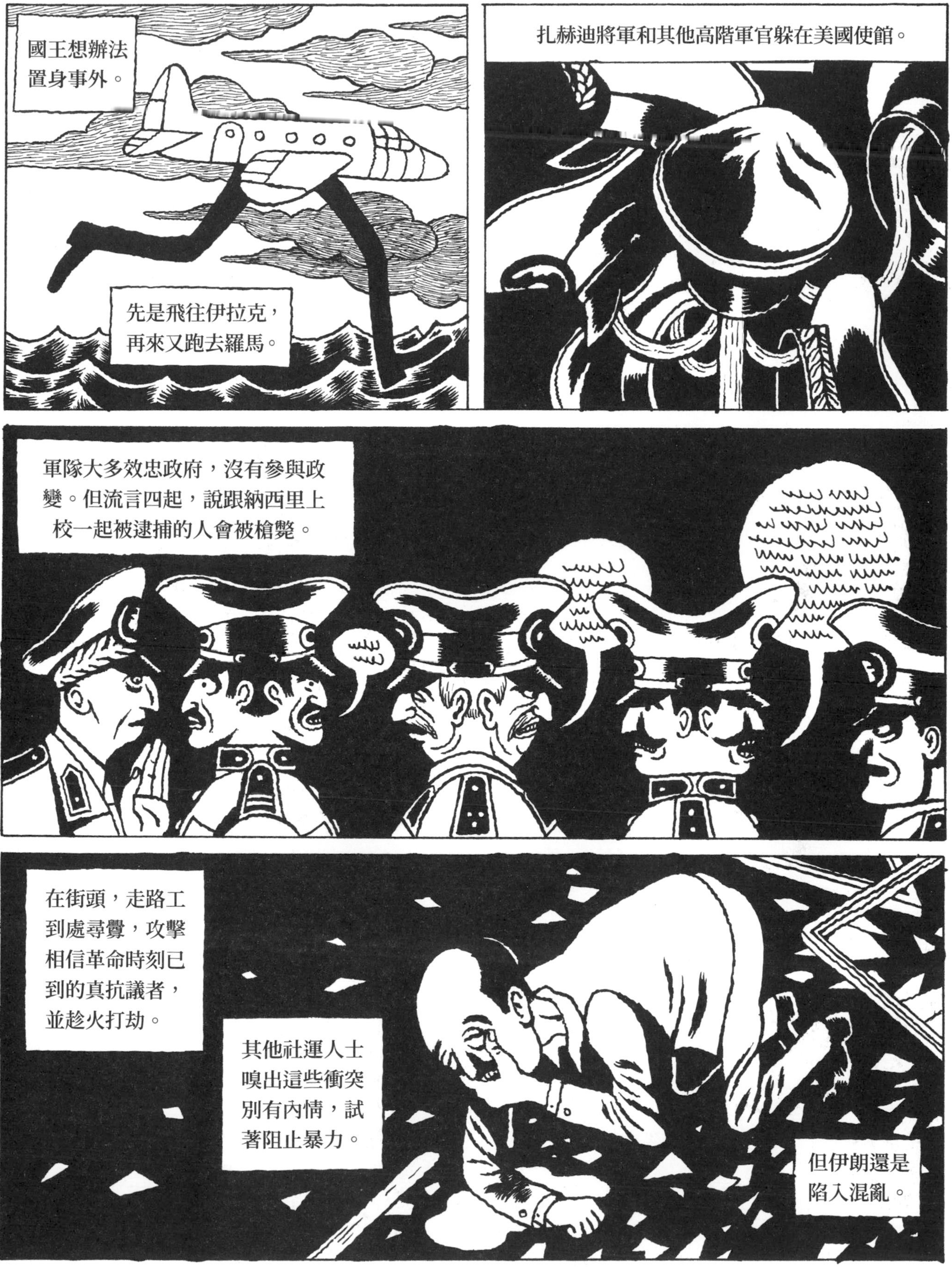
國王想辦法置身事外。
先是飛往伊拉克，再來又跑去羅馬。
扎赫迪將軍和其他高階軍官躲在美國使館。
軍隊大多效忠政府，沒有參與政變。但流言四起，說跟納西里上校一起被逮捕的人會被槍斃。
在街頭，走路工到處尋釁，攻擊相信革命時刻已到的真抗議者，並趁火打劫。
其他社運人士嗅出這些衝突別有內情，試著阻止暴力。
但伊朗還是陷入混亂。

那時史達林剛死不久，蘇聯高層忙著爭權奪位，無暇他顧。
所以伊朗共產黨也沒有獲得指示。
暴民日益失控，口號激烈、行為暴力，開始拉倒國王銅像……
……這些亂象導致反政府陣營的一些警察和軍官被撤換。
摩薩台無意禁止汙衊他的報紙發聲……
……也不打算阻止示威遊行。
這讓克米特・羅斯福高興得很。

可是摩薩台無法坐視情況繼續惡化。他命令警方清理街道。
這簡直讓克米特·羅斯福樂翻天。
戴夫特里將軍受命控制群眾。
但他恰好屬於政變陣營，刻意使出霹靂手段激化衝突。
摩薩台最後還是下令禁止所有示威。
他致電給他最親密的支持者，叫他們不要上街。
因為街頭現在是警察和軍隊的了。

克米特·羅斯福以國王
的名義發動遊行。
這些遊行完
全和平進行。
這並不令人意外，
畢竟軍方和警方
就在旁邊盯著……
……而且引導遊
行的人是出了名
的「巴勒維好漢」
——與黑社會關
係匪淺的摔角社
團成員。
城外的游牧
部落民也來了。
這是CIA付錢給他們
族長的動員結果。

街頭一落入
國王支持者
手中……
……暴力
再次出現。
親摩薩台的報社
遭到攻擊。
政府機關也
受到破壞。
連警察總部
都發生打鬥。
軍隊往首相
官邸集結。

在美國使館內，
克米特・羅斯福
看到扎赫迪將軍
還只穿著
內衣褲。
將軍，你
還在幹嘛！
快穿好衣服！
真的
成了？
兩輛坦克
護送他到
廣播電台。
我講之前，先選個
合適的音樂來播。
說巧不巧，電台的人放了美國國歌的前幾小節。

扎赫迪將軍緊張地頓了頓，開始講話。
奉國王陛下之命——
罷黜穆罕默德．摩薩台，首相一職由我接任。
在羅馬，記者告知國王，首相已遭免職。
國王一開始不敢置信。
真的？
真有此事？
我就知道。
我的人民向來愛戴我。
在德黑蘭，摩薩台的官邸成為反抗政變的軍隊的最後據點。

子彈擊中鋼板
反彈的聲音時
時可聞。
官邸的窗子
以鋼板封住。
看來我得
死在這啦。

摩薩台命令
支持者投降，免得
他們被叛軍屠殺。
他自己又一次
從後院逃走。

政變軍隊隨即衝入
官邸，大肆洗劫。

家具和財產
被搬上卡車
運走。
軍隊前腳剛走，
暴民後腳就到。
他們把官邸
搜刮一空，然後
放火燒屋。
死者遺體集中後，
很多平民口袋裡搜出
500里亞爾鈔票——
那是他們參加示威
的報酬。

摩薩台自知躲也躲不了多久，自行向軍隊投降。
身上還穿著睡衣。
國王風風光光回到德黑蘭。
他沒忘了向克米特·羅斯福道賀。
給我王位的是真主安拉、我的人民、我的軍隊以及閣下。
摩薩台被送上軍事法庭。
我唯一犯下的罪，就是把石油產業國有化。

這場審判是國王和他的前首相最後一次爭執。
我的子民心中自有神聖火花，要是有人認為首相下台不是因為黎民百姓挺身而出，我堅決蔑視這種看法。
是這樣嗎？我看艾森豪心中的神聖火花力量才大！它讓我國出賣民族自由，就為了區區四成石油股份！
摩薩台被判三年徒刑。
他拒絕國王赦免。
他終日讀書做菜，最喜歡的書之一是烹飪大全。
1956年出獄後，他被軟禁終生。
摩薩台於1967年去世。
對CIA來說，亞杰克斯行動相當成功，以有限的代價取得了龐大成果。
這場行動成了政變範本，1954年推翻瓜地馬拉總統阿班斯也採取相同模式。

亞杰克斯行動的結果之一，
是英國勢力逐漸被擠出中東。
1956年蘇伊士運河危機期間，法、英、以色列三國聯手對付埃及，艾森豪總統表態反對，正足以說明美國已成中東要角。
殖民帝國的時代結束了，取而代之的是美國時代。

中英名詞對照
依照出現順序排列

第一章

吉爾伽美什 Gilgamesh
烏魯克 Uruk
恩奇杜 Enkidu
雪松之林 Cedar Forest
洪巴巴 Humbaba
烏特納比許亭 Utnapishtim
小布希 George W. Bush｜美國總統（2001～2009）
倫斯斐 Donald Rumsfeld｜美國國防部長（2001～2006）
拉格什王 Prince of Lagash
烏瑪 Umma
阿布格萊布 Abu Ghraib

第二章

巴巴羅薩 Barbarossa｜16世紀初鎮守阿爾及爾的鄂圖曼兄弟將領。
「巴巴羅薩」原意為「紅鬍子」，是歐洲人給他們兄弟取的綽號。
勒班陀灣 Gulf of Lepanto
巴巴利 Barbary
拉巴特 Rabat
約翰・亞當斯 John Adams｜美國駐倫敦大使（1785～1788），美國總統（1797～1801）
湯瑪斯・傑佛遜 Thomas Jefferson｜美國駐巴黎大使（1785～1789），美國總統（1789～1793）
希迪・哈吉・阿布德拉哈曼 Sidi Haji Abdrahaman｜的黎波里全權大使
「貝伊」bey｜鄂圖曼帝國軍政高官頭銜
「帕夏」pasha｜鄂圖曼帝國軍政高官頭銜
詹姆斯・卡斯卡特 James Cathcart｜美國駐北非領事
尤素夫・卡拉曼利 Yusuf Karamanli｜的黎波里帕夏（1795～1832年在位）
阿赫美德 Ahmad
企業號 Enterprise
斯特瑞 Sterret｜美國海軍軍官，巴巴利戰爭時任企業號指揮官
馬爾他 Malta
穆罕默德・魯斯 Mohammad Rous｜的黎波里號船長
達爾 Dale｜美國海軍第一次遠征時的准將
海軍上將 admiral
莫理斯 Morris｜美國海軍第二次遠征時的准將
愛德華・普利柏 Edward Preble｜美國海軍第三次遠征時的指揮官
班布理齊 Bainbridge｜美國海軍第三次遠征時的上校
海妖號 Siren
無畏號 Intrepid

迪卡特 Decatur｜美國上尉，率兵炸毀遭的黎波里俘虜的費城號
詹姆斯・巴倫 James Barron｜美國第四次遠征軍司令，准將
威廉・伊頓 William Eaton｜美國駐突尼斯領事（1797～1803）
哈梅・卡拉曼利 Hamet Karamanli｜阿里・卡拉曼利次子，尤素夫・卡拉曼利之兄。
　尤素夫弒長兄哈桑奪權之後，哈梅流亡海外，後來試圖與美國合作推翻阿里。
阿里・卡拉曼利 Ali Karamanli｜的黎波里帕夏（1754～1793在位），尤素夫・卡拉曼利及哈梅・卡拉曼利之父
哈桑 Hassan
托比亞斯・李爾 Tobias Lear｜美國駐北非領事
貝都因人 Bedouins
德爾納港 Derna
百眼巨人號 Argus｜美國軍艦（德爾納戰役）
黃蜂號 Hornet｜美國軍艦（德爾納戰役）
鸚鵡螺號 Nautilus｜美國軍艦（德爾納戰役）
歐班農 O'Bannon｜美國上尉（德爾納戰役）
路易斯 Lewis｜美國西部遠征隊領隊
克拉克 Clark｜美國西部遠征隊領隊

第三章

約翰・歐蘇利文 John O'Sullivan｜美國媒體人，主張征服美洲是美國的「昭昭天命」。
喬治・布希 George Bush｜紐約大學希伯來文教授，也是兩位布希總統的祖上。
馬克・吐溫 Mark Twain
阿弗雷德・馬漢 Alfred Mahan
「最高門戶」sublime porte｜原指蘇丹宮廷的大門，代指鄂圖曼帝國政府。
《貝爾福宣言》Balfour declaration
賽克斯－皮科協定 Sykes-Picot Agreement
威爾遜 Woodrow Wilson
國際聯盟 League of Nations
阿卜杜勒・阿齊茲・伊本・紹德 Abdul-Aziz Ibn Saud｜沙烏地阿拉伯王國開國國王（1932～1953年在位）
內志 Nejd
瓦哈比 Mohammad Ibn Abd-al-Wahhab｜阿拉伯宗教領袖，強調正統，與紹德家族相依相助。
德拉伊耶 Al-Diriyah
穆罕默德・紹德 Mohammad Ibn Saud｜紹德王朝肇建者
利雅德 Riyadh
哈薩 Al-Ahsa
卡爾巴拉 Karbala
費沙爾 Faisal｜第一冊有兩個費沙爾，一個是19世紀酋長，一個是20世紀王子。
拉希德 Rashid
哈西姆家族 Hashemite
伊赫萬兄弟會 Ikhwan
金－克蘭委員會 King-Crane Commission
查理・克蘭 Charles Crane｜威爾遜總統設立的「金－克蘭委員會」主席之一
哈利・霍普金斯 Harry Hopkins｜富蘭克林・羅斯福總統的顧問
卡利德 Khaled｜沙烏地阿拉伯王子

吉達 Djeddah
墨菲號 Murphy
《戰鬥小姐》*The Fighting Lady*
昆西艦 Quincy
威廉・艾迪 William Eddy
艾澤汀・夏瓦 Ezzedine Shawa
達蘭 Dhahran

第四章

威廉・諾克斯 William Knox｜澳洲人，創立英波石油公司
英波石油公司 APOC，Anglo-Persian Oil Company
禮薩・沙・巴勒維 Reza Shah Pahlavi｜伊朗國王，1925年即位，1941年被迫禪位給兒子穆罕默德・禮薩。
穆罕默德・禮薩 Mohammad Reza｜禮薩・沙・巴勒維之子，伊朗國王，1941年即位，1979年遭伊朗革命推翻。
赫伯特・諾曼・史瓦茲柯夫 Herbert Norman Schwarzkorf｜美軍將領，協助伊朗訓練軍隊
穆罕默德・摩薩台 Mohammad Mossadegh｜伊朗總理（1951～1953）
圖德 Tudeh
阿里・拉茲馬拉 Ali Raznara｜1951年遭刺殺的伊朗總理
法茲盧拉・扎赫迪 Fazlollah Zahedi｜伊朗將領，與美國合作推翻摩薩台
艾森豪 Eisenhower
阿亞圖拉 Ayatollah｜伊朗宗教領袖尊銜，意為「真主的記號」
卡沙尼 Kashani｜伊朗阿亞圖拉，支持推翻摩薩台
「無腦夏邦」Shaban the brainless
馬赫穆德・阿福夏圖斯 Mahmoud Afshartous
克米特・羅斯福 Kermit Roosevelt｜幕後操縱伊朗政變的美國情報官
福斯特・杜勒斯 Foster Dulles｜美國國務卿（1953～1959）
艾倫・杜勒斯 Allen Dulles｜美國中情局局長（1953～1961）
阿薩多拉・拉希典 Asadollah Rashidian
廓德拉托拉・拉希典 Qodratollah Rashidian
塞佛拉・拉希典 Seyfollah Rashidian
阿里・賈里里 Ali Jalili
法魯克・凱瓦尼 Farouk Keyvani
何梅尼 Khomeini｜伊朗阿亞圖拉，1979年伊朗革命精神領袖
阿什拉夫 Ashraf
諾曼・達比夏爾 Norman Darbyshire｜英國情報官
亞杰克斯行動 Ajax Operation
納西里 Nasiri｜伊朗上校，參與推翻摩薩台
戴夫特里 Daftary
「巴勒維好漢」pahlavans
阿班斯 Arbenz Guzman｜瓜地馬拉總統，1951年就任，1954遭美國推翻。

FOCUS 13

棋逢對手

中東與美國恩仇錄

〈1〉1783～1953

LES MEILLEURS ENNEMIS

Une histoire des relations entre les États-Unis et le Moyen-Orient Vol.1

作　　者　尚－皮耶・菲柳（Jean-Pierre Filiu）
繪　　者　大衛・B（David B.）
譯　　者　朱怡康
責任編輯　林慧雯
美術設計　黃暐鵬

編輯出版　行　路
總 編 輯　林慧雯
副總編輯　賴譽夫

社　　長　郭重興
發行人兼出版總監　曾大福
發　　行　遠足文化事業股份有限公司　代表號：(02) 2218-1417
23141新北市新店區民權路108之4號8樓
客服專線：0800-221-029　傳真：(02) 8667-1065
郵政劃撥帳號：19504465　戶名：遠足文化事業股份有限公司
歡迎團體訂購，另有優惠，請洽業務部 (02) 2218-1417分機1124、1135
法律顧問　華洋法律事務所　蘇文生律師
印　　製　韋懋實業有限公司
初版一刷　2019年9月

全套定價　1280元

國家圖書館預行編目資料

棋逢對手：中東與美國恩仇錄 (1) 1783～1953
尚－皮耶・菲柳（Jean-Pierre Filiu）、
大衛・B（David B.）著；朱怡康譯
一初版一新北市：行路出版：遠足文化發行，2019.09
冊；公分（Focus 13；1WFO0013）
譯自：Les meilleurs ennemis: Une histoire des relations entre les États-Unis et le Moyen-Orient Vol.1
ISBN 978-986-97534-8-7(（第一冊：精裝）
1.美國外交政策　2.漫畫　3.中東
578.52　108011144